Tessy Dany

Erfolgsfaktoren des Social Sellings im deutschen B2B-Sektor

Mit welcher Social Media-Strategie lässt sich der Unternehmenserfolg steigern?

Bibliografische Information der Deutschen Nationalbibliothek:

Die Deutsche Nationalbibliothek verzeichnet diese Publikation in der Deutschen Nationalbibliografie; detaillierte bibliografische Daten sind im Internet über http://dnb.d-nb.de abrufbar.

Impressum:

Copyright © Studylab 2020

Ein Imprint der GRIN Publishing GmbH, München

Druck und Bindung: Books on Demand GmbH, Norderstedt, Germany

Coverbild: GRIN Publishing GmbH | Freepik.com | Flaticon.com | ei8htz

Inhaltsverzeichnis

Abbildungsverzeichnis IV

Tabellenverzeichnis V

Abkürzungsverzeichnis VI

1 Einleitung **1**
    1.1 Herleitung des Themas 1
    1.2 Zielsetzung und Ableitung von Hypothesen 2
    1.3 Struktur der Arbeit 4

2 Theoretische Fundierung **5**
    2.1 Social Media 5
    2.2 Social Selling 6
    2.3 Abgrenzung zum Social Media Marketing 11
    2.4 Social Media Strategien 12
    2.5 Forschungsergebnisse zu Social Selling 16

3 Herleitung der Hypothesen **24**
    3.1 Konzeptualisierung der Konstrukte 24
    3.2 Hypothesenmodell 28

4 Methodisches Vorgehen **30**
    4.1 Methoden der empirischen Forschung 30
    4.2 Untersuchungsdesign 32

5 Durchführung der empirischen Untersuchung **41**
    5.1 Beschreibung der Untersuchung 41
    5.2 Auswertung der Untersuchung mittels Smart PLS 42
    5.3 Erkenntnisgewinnung 51

6 Fazit und Ausblick **53**

Literaturverzeichnis **56**

Abbildungsverzeichnis

Abbildung 1. Das Kausalmodell (eigene Darstellung) 3

Abbildung 2. Bestandteile des Social Media Management Zirkels (Hardiman, 2014, S.487) 14

Abbildung 3. Rolle des Social Media Monitorings (Hardiman, 2014, S.497) 14

Abbildung 4. Übersicht der Ergebnisse der Aberdeen Group (eigene Darstellung nach Ostrow, 2013, S.1) 18

Abbildung 5. Das Konzept des Social Sellings und seine potenziellen Schlüsselergebnisse (eigene Darstellung nach Ancillai et al., 2019, S.6) 21

Abbildung 6. Hypothesenmodell von Itani et al. (eigene Darstellung nach Itani et al., 2017, S.5) 22

Abbildung 7. Vorläufiges Hypothesenmodell (eigene Darstellung) 24

Abbildung 8. Das Hypothesenmodell (eigene Darstellung) 28

Abbildung 9. Ergebnisse zu R^2, Pfadkoeffizient und Indikator-Reliabilität (Screenshot aus Smart-PLS) 43

Abbildung 10. Ergebnisse zu P-Value und T-Wert der Faktorenladung (Screenshot aus Smart-PLS) 44

Abbildung 11. Überprüfung der Hypothesen (eigene Darstellung) 50

Tabellenverzeichnis

Tabelle 1. Übersicht der Hypothesen (eigene Darstellung) 29

Tabelle 2. Übersicht und Merkmale der Methoden der empirischen Forschung (eigene Darstellung nach Creswell, 2014, S.20) 31

Tabelle 3. Operationalisierung des Konstrukts ‚Social Media Schulungen' (eigene Darstellung) 34

Tabelle 4. Operationalisierung des Konstrukts ‚Social Media Strategien' (eigene Darstellung) 34

Tabelle 5. Operationalisierung des Konstrukts ‚Adaptives Verkaufsverhalten' (eigene Darstellung) 35

Tabelle 6. Operationalisierung des Konstrukts ‚Social Selling' (eigene Darstellung) 36

Tabelle 7. Operationalisierung des Konstrukts 'Unternehmenserfolg' (eigene Darstellung) 37

Tabelle 8. Überprüfung der Reliabilität der äußeren Messmodelle (eigene Darstellung) 39

Tabelle 9. Überprüfung der Validität der äußeren Messmodelle (eigene Darstellung) 39

Tabelle 10. Prüfung der Kausaleffekte des inneren Messmodells (eigene Darstellung) ... 40

Tabelle 11. Prüfung der Messkriterien für das Konstrukt ‚Social Media Schulungen' (eigene Darstellung) 45

Tabelle 12. Prüfung der Messkriterien für das Konstrukt ‚Social Media Strategien' (eigene Darstellung) 46

Tabelle 13. Prüfung der Messkriterien für das Konstrukt ‚Adaptives Verkaufsverhalten' (eigene Darstellung) 47

Tabelle 14. Prüfung der Messkriterien für das Konstrukt ‚Social Selling' (eigene Darstellung) 48

Tabelle 15. Prüfung der Messkriterien für das Konstrukt ‚Unternehmenserfolg' (eigene Darstellung) 49

Tabelle 16. Diskriminanzvalidität der Konstrukte (eigene Darstellung) 49

Tabelle 17. Zusammenfassende Ergebnisse der Hypothesenprüfung (eigene Darstellung) 51

Abkürzungsverzeichnis

BVDW	Bundesverband Digitale Wirtschaft
B2B	Business to Business
DSGVO	Datenschutzgrundverordnung
PLS	Partial Least Squares
SGA	Strukturgleichungsanalyse
SGM	Strukturgleichungsmodellierung
SMA	Sales Management Association

1 Einleitung

In einer Zeit der kontinuierlichen Veränderungen und dem technologischen Wandel gehört der Terminus „Social Selling" und vor allem „Social Media" zum Alltag. Dieser Wandel findet nicht nur privat, sondern auch im beruflichen Alltag statt. Die Technologie beeinflusst die Art und Weise, wie die Arbeit erledigt wird und „direkt im Herzen des Verkaufs [findet] eine wesentliche Verschiebung der Verkaufstechniken statt" (LinkedIn, 2017, S.1).

Mit weltweit 3,58 Milliarden Nutzern haben die Sozialen Medien enormes Potential für den Vertrieb (Statista, 2016). In Deutschland nutzen 84% das Internet (Statista, 2019b) und laut Statista beträgt die tägliche Dauer der Internetnutzung durchschnittlich 196 Minuten (Statista, 2019c). Sowohl die Internetnutzer als auch die Dauer der Nutzung sind in den letzten Jahren kontinuierlich gestiegen. Daneben haben in einer Umfrage 82% von den befragten B2B-Käufern angegeben, dass der Social Content einen Einfluss auf ihre Kaufentscheidung hat (Minsky & Queensberry, 2016, zitiert nach Ancillai, Terho, Cardinali & Pascucci, 2018, S.1). Diese Erkenntnisse weisen eindeutig das vorhandene Potential der Nachfrageseite auf. Die sozialen Medien sind, somit nicht nur ein hilfreiches und förderndes Tool für die Marketing Abteilung im Unternehmen sondern sie verhelfen ebenfalls den Vertriebs Abteilungen zum Erfolg. „Ein bis dato noch relativ unerforschtes, gleichermaßen jedoch bedeutendes Themenfeld ist die digitale Variante von Vertriebsprozessen, die man heute unter dem Therminus „Social Selling" zusammenfasst" (Schmäh, Meyer-Gossner, Schilling & Gruhn, 2016, S.17). Damit die Unternehmen und die Mitarbeiter im Vertrieb von dieser Gewissheit profitieren können müssen jedoch die entsprechenden Strategien impliziert und umgesetzt werden (Schmäh et al., 2016, S.19f.).

1.1 Herleitung des Themas

Heutzutage kann wirtschaftlicher Erfolg nicht mehr nur mit den traditionellen Kennzahlen gemessen werden, sondern es wird auch die interne und externe Vernetzung des Unternehmens, betrachtet um die Produktivität der Firma zu bewerten. Viele Unternehmen müssen ganze Bereiche und die Strategien an den heutigen Wandel anpassen und präsenter in der digitalen Welt werden. Bei dieser „zunehmenden Gleichstellung des Digitalen mit dem Analogen sehen sich Unternehmen mit neuen Herausforderungen, aber auch mit einer Vielzahl neuer Chancen konfrontiert" (Schmäh et al., 2016, S.17).

Ein Bereich, der bereits seit einigen Jahren in diesem Wandel aufblüht ist der Vertrieb. Da die Social Media Präsenz der B2B Kunden in den letzten Jahren immer stärker geworden ist, wurden die traditionellen Verkaufspraktiken und das B2B Marketing auf den Kopf gestellt. Die Folge dessen ist das Social Selling: „die Nutzung von Social Media durch Vertriebsorganisationen für das Zuhören, die Kundeneinbindung und die interne Zusammenarbeit" (Hootsuite, 2013, S.2). Mit dieser neuen Verkaufsstrategie ist es einfacher die richtigen Ansprechpartner zum richtigen Zeitpunkt zu finden und Kundendialoge zuführen. Mittlerweile wollen viele Kunden beim Kauf unterstützt und beraten werden, ohne das Gefühl zu haben etwas verkauft zu bekommen (Schmäh et al., 2016, S.19). Seit einiger Zeit ist unerwünschte Telefonwerbung uneffektiv bei den Kunden. Laut einer LinkedIn Studie bevorzugen 70% der B2B Entscheidungsträger in Deutschland eine personalisierte Kommunikation, in der hervorsticht, dass der Verkäufer sich informiert hat (LinkedIn, 2017, S.6). Jedoch wird das Social Selling die traditionellen Vertriebskanäle nicht komplett ersetzen, sondern es handelt sich hier um „eine zweite, integrierte Natur des Vertriebs" (Beutin, 2017, S.299). Darüber hinaus wurde von LinkedIn bestätigt, dass die Bemühungen, die sozialen Netzwerke in den Vertriebsprozess mit einzubeziehen, sich positiv auf den Verkaufserfolg und somit auch auf den Unternehmenserfolg auswirken (LinkedIn, 2017, S.6).

1.2 Zielsetzung und Ableitung von Hypothesen

Obwohl Social Selling zum Beispiel in Amerika zum „daily business" gehört scheint die innovative Vertriebsstrategie in Deutschland noch nicht richtig Fuß gefasst zu haben. Die vorliegende Forschungsstudie soll aufdecken inwiefern Social Selling bis dato in Deutschland in die B2B Industrie integriert, aufgenommen und umgesetzt wurde. Hauptsächlich hat die vorliegende Thesis das Ziel herauszufinden, welche die Erfolgsfaktoren von Social Selling in B2B Unternehmen in Deutschland sind und ob Social Selling einen positiven Einfluss auf den Unternehmenserfolg hat.

Um an das genannte Ziel zu gelangen gilt es zuerst zu prüfen, ob ein positiver Zusammenhang zwischen den selektierten Erfolgsfaktoren und dem Erfolg von Social Selling besteht. Die aus der Literatur herausgefilterten Faktoren sind die Social Media Schulungen, die Social Media Strategien im Unternehmen und das adaptive Verkaufsverhalten der Mitarbeiter im Vertrieb. Die schlussfolgernde Hypothese hat das Ziel herauszufinden, ob ein positiver Zusammenhang zwischen der erfolgreichen Anwendung von Social Selling im Vertrieb und dem Unternehmenserfolg besteht. In Abbildung 1 wird das Kausalmodell der vorliegenden Arbeit präsentiert.

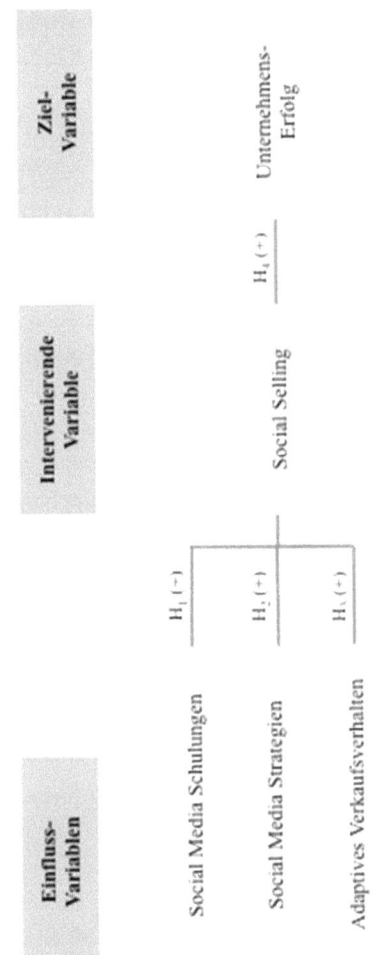

Abbildung 1. Das Kausalmodell (eigene Darstellung)

Um das Hypothesenmodell umzusetzen wird auf die Strukturgleichungsmodellierung (SGM) zurückgegriffen. „Mit Hilfe der Strukturgleichungsmodellierung werden Aussagen über Zusammenhänge zwischen Entscheidungsgrößen der Wirklichkeit formal so gefasst, dass ihre Gültigkeit einer empirischen Prüfung unterzogen werden kann" (Weiber & Mühlhaus, 2014, S.3). Dabei wird ein varianzanalytisches Vorgehen nach PLS angewendet. Das varianzanalytische SGM-Modell ermöglicht die quantitative Forschung anhand von Einflussvariablen (hier: Erfolgsfaktoren), einer intervenierenden Variable (hier: Social Selling) und einer Zielvariable (hier:

Unternehmenserfolg). Um die ausgearbeiteten Hypothesen zu prüfen wird ein Online-Fragebogen entwickelt. Zuletzt wird das entwickelte Kausalmodell anhand der erhobenen Daten mit Smart PLS ausgewertet.

1.3 Struktur der Arbeit

Die vorliegende Arbeit beginnt mit einer ausführlichen theoretischen Fundierung. Darin werden bereits erhobene Daten und Fakten zu Social Media diskutiert um anschließend anhand der bestehenden Literatur den Stand der Forschung für das Social Selling zu erläutern. Nachdem der Begriff und vorhandene Daten und Fakten erklärt wurden, wird das interne sowie externe Social Selling und der Push- und Pull-Ansatz beschrieben. Um diesen Teil abzuschließen werden die Social Selling Kanäle, die Social-Technologien sowie der Social Selling Index erklärt. Daraufhin wird eine Abgrenzung zum Social Media Marketing geschaffen. Um den Stand der Forschung näher zu betrachten werden Daten und Einblicke anhand der Studie der EBS Business School über das Social Selling als Verkaufstool, der Studie „Social Selling im B2B Vertrieb" von Hootsuite, einer indischen Studie aus dem Jahr 2017 und einer weiteren rezenten Studie welche die konzeptionellen Grundlagen des B2B Social Sellings offenlegt, geliefert.

Um den theoretischen Teil abzuschließen werden die Hypothesen hergeleitet. Dazu werden zuerst die Konstrukte der Erfolgsfaktoren konzeptualisiert. Anschließend folgt die Konzeptualisierung des Social Sellings sowie des Unternehmenserfolgs um schlussendlich das Hypothesenmodell zu bilden. Nachdem eine grundlegende, themenbezogene Kenntnis erworben wurde wird die empirische Untersuchung vorbereitet. Hierzu werden die Methoden der empirischen Forschung kurz erläutert bevor das Untersuchungsdesign näher aufgezeigt wird. In diesem Kapitel wird die quantitative Forschung näher unter die Lupe genommen um anschließend eine detaillierte Operationalisierung der Konstrukte vorzunehmen, woraufhin der Fragebogen gebildet wird. Um diesen vor dem Verschicken zu überprüfen wird ein Pretest durchgeführt. Schlussendlich erfolgt die Aufklärung wie die Auswertung der erhobenen Daten mittels Smart PLS aussehen wird. Hier wird die Strukturgleichungsmodellierung erläutert sowie die Schwellenwerte der Messwerte aufgezeigt. Nachfolgend wird die empirische Untersuchung durchgeführt. Dieses Vorgehen wird im ersten Schritt ausführlich beschrieben um die erworbenen Daten anschließend mittels Smart PLS auszuwerten. Im letzten Schritt werden die erarbeiteten Erkenntnisse vorgestellt. Schlussendlich werden ein zusammenfassendes Fazit sowie ein Ausblick der Thesis geschaffen.

2 Theoretische Fundierung

Im folgenden Kapitel wird die Theorie für die vorliegende Arbeit erläutert. Dazu werden die Themen Social Media, Social Selling sowie Social Media Marketing veranschaulicht. Vor allem auf den Social Selling Teil wird im Detail eingegangen und es werden die einzelnen Arten, Kanäle und Technologien der Vertriebsstrategie dargestellt. Im Anschluss werden mögliche Social Media Strategien präsentiert. Diese bilden eine Grundlage für das Unternehmen um eine strategische und effiziente Social Media Präsenz zu haben. Daraufhin werden die Forschungsergebnisse zum Thema Social Selling offengelegt. Die Grundlage bildet eine Studie vom Jahr 2015 zum Thema „Social Selling als strategisches Verkaufstool". Die Fortsetzung schafft die Studie von Hootsuite zum Thema „Social Selling im B2B Vertrieb". Im Anschluss wird auf die rezente Untersuchung von Ancillai et al. eingegangen, welche die konzeptionellen Grundlagen für das B2B Social Selling erörtert. Den Abschluss der theoretischen Fundierung schafft die indische Forschungsstudie von Itani et al., welche die Rolle von Social Media und deren Auswirkungen auf den B2B-Verkaufsprozess untersucht.

2.1 Social Media

Im Jahr 2018 nutzten 95,7% der B2B-Unternehmen in Deutschland die sozialen Medien aktiv (Statista, 2019a). Weltweit wird das Businessportal LinkedIn bei weitem am meisten genutzt. In Deutschland bevorzugen die B2B-Unternehmen Xing, LinkedIn und Facebook (Statista, 2018). Für die Online Präsenz werden in jedem vierten Unternehmen eigene Mitarbeiter oder sogar Abteilungen eingesetzt, die sich ausschließlich um das Thema Social Media kümmern. Im Schnitt handelt es sich hierbei um drei Mitarbeiter. Jedoch gibt auch jedes vierte Unternehmen die Arbeit für die sozialen Medien an externe Dienstleister weiter. Laut dem Bundesverband Digitale Wirtschaft planen vor allem die Geschäftsführung und die Marketing-Abteilung die strategische Präsenz in den sozialen Medien. Die operative Umsetzung liegt anschließend ganz beim Marketing (Siwek, 2014, S.5). Immer mehr wird der Vertrieb, durch das Social Selling, ebenfalls mit in diesen Prozess einbezogen. In dem Fall darf die Präsenz vom Vertrieb und die vom Marketing in den sozialen Medien nicht verwechselt werden (siehe Kapitel 2.3).

In Deutschland bieten zwei von drei Unternehmen den Mitarbeitern Fortbildungen für die sozialen Medien in Form von internen Workshops und Schulungen an (Siwek, 2014, S.5). Laut dem Statistischen Bundesamt nutzen die Firmen die sozialen Medien hauptsächlich zur Gestaltung des Unternehmensprofils oder zur Darstellung der Produkte, um neues Personal zu finden und einzustellen und auch um Kundenanfragen, -kritik sowie -meinungen zu erhalten (Statista, 2017). Laut dem Bundesverband Digitale Wirtschaft gibt es jedoch auch Gründe die sozialen Medien nicht zu nutzen. Hierzu gehört zum Beispiel die mangelnde Relevanz für die Kundenzielgruppe oder das Produkt. Dazu kommt der Mangel an Interesse oder die Ablehnung von Social Media und das Fehlen der nötigen Zeit um den Aufwand zu betreiben. Auch das Manko an Budget kann ein Grund sein, die Sozialen Netzwerke nicht zu nutzen (Siwek, 2014, 53). Der Wandel der Technologie und die damit verbundene Nutzung von Social Media im B2B-Unternehmen bringt viele Vorteile mit sich. Jedoch treten hierbei auch immer häufiger Risiken auf, wie zum Beispiel der Datenschutz (Siwek, 2014, S.27). Die Nutzer der sozialen Netzwerke können trotz der neuen Datenschutzgrundverordnung (DSGVO) nicht immer nachvollziehen wie die persönlichen Daten verarbeitet werden. Dazu gehört auch die Abfrage die Kontakte auf dem Smartphone an den Anbieter zu übertragen, was nicht datenschutzfreundlich ist (wie z.B. bei WhatsApp).

Die ausgeprägte Social Media Nutzung in Deutschland bildet die perfekte Grundlage damit die B2B-Unternehmen die Plattformen einsetzen können, um den Vertrieb zu beschleunigen, sowie effizienter und stärker zu machen.

2.2 Social Selling

Laut einem Pionier in der Forschung des Vertriebs, Professor Neil Reckham, hat der Vertrieb in den letzten zwei Jahrzehnten eine enorme Revolution erlebt und wurde damit zu einer „lebendigen strategischen Kraft" in den Unternehmen (Dixon & Adamson, 2011). Das Social Selling ist ein wichtiger Teil des so genannten Social Business (oder auch Enterprise 2.0), dieses wird als „die Einbettung sozialer Werkzeuge, Medien und Praktiken in die laufenden Aktivitäten des Unternehmens" definiert (Cortada, Lesser & Korsten, 2012, S.2). Social Selling ist dabei der Prozess um über die sozialen Netzwerke (wie zum Beispiel LinkedIn, Xing oder Facebook) neue potentielle Kunden aufzufinden und den Kontakt herzustellen, den Kontakt zu bereits bestehenden Kunden aufrechtzuerhalten und zu pflegen und die interne Kommunikation im Unternehmen zu verbessern. Bei den zwei ersten Punkten sind die Ziele das direkte Gespräch mit dem Kunden zu suchen, die Herausforderungen zu erkennen und den richtigen Zeitpunkt für den Verkauf des Produkts aufzudecken (Schmäh et al., 2016, S.17). Der direkte Dialog „verspricht für Marken eine Nähe und Direktheit zu potentiellen Kunden, die so vorher nicht existierte" (Lens, 2016, o.S.). Der genannte richtige Zeitpunkt, um als Verkäufer einzugreifen ist, wenn der potentielle Kunde seine Bedürfnisse noch Konzeptualisiert. Die Sozialen Medien sind asynchron, das heißt sie unterbrechen den Nutzer nicht, somit eignen sie sich am besten dafür bereits das Gespräch zum Kunden zu suchen, wenn dieser sich noch in der Sondierungsphase befindet (Hootsuite, 2013, S.6). Dies bedeutet jedoch nicht, dass der Verkäufer die klassische Kommunikation über E-Mail, Telefon oder sogar persönliche Meetings durch die sozialen Medien ersetzt. Die sozialen Medien dienen hier als Hilfsmittel, um den Prozess effektiver zu gestalten und zu beschleunigen. Das Social Selling beseitigt hauptsächlich einen großen Teil von zeitfressenden und verschwenderischen Aufgaben (z.B. Kaltaquise) des traditionellen Vertriebsprozesses und vereinfacht die Vertriebsprozesse. Somit können die Verkäufer häufiger ihre Siege feiern, die sich ebenfalls in den Betriebsergebnissen wiederspiegeln.

Im B2B Social Selling wird fälschlicher Weise häufig angenommen, dass es durch diese neue Strategie direkt zu Verkaufsgesprächen in den sozialen Netzwerken kommt. Jedoch dienen die sozialen Netzwerke lediglich dazu die Bedürfnisse der potentiellen Kunden zu erkennen und sich mit ihnen zu verbinden. Alle weiteren Schritte werden meistens über E-Mail, Telefon oder persönlich wahrgenommen (Hootsuite, 2013, S.2).

Das Social Selling besteht hauptsächlich aus zwei essentiellen Säulen: dem Zuhören und Erfahren sowie dem Forschen und Zuordnen. Ersteres besteht darin, potentielle Kunden über die sozialen Netzwerke zu generieren. Dabei müssen die Verkäufer die richtigen Ansprechpartner und Entscheidungsträger finden und ins Visier nehmen, um alle nötigen Informationen über die Kunden zu sammeln und den richtigen Zeitpunkt herauszufinden um zuzubeißen. Die zweite Säule „Forschen und Zuordnen" hat das Ziel die Kaltakquise in ein warmes, einladendes Gespräch zu verwandeln. Dazu muss der Verkäufer sich über den Kunden informieren und seine Wünsche herausfiltern. Vor allem ist es hier wichtig gemeinsame Interessen und Beziehungen aufzudecken, damit man ein lockeres und empathisches Gespräch starten kann, ohne dass der Kunde das Gefühl hat, dass man ihm nur etwas verkaufen will (Hootsuite, 2013, S.2). Anhand dieser zwei Säulen verschaffen sich die Verkäufer Glaubwürdigkeit und Authentizität, so kann der potentielle Kunde den Ansprechpartner zu Rate ziehen anstatt die Anrufe zu ignorieren und die Voicemails zu löschen (Hootsuite, 2013, S.7). Denn „die Verbraucher sind bereit mit Unternehmen zu interagieren, wenn sie glauben, dass es zu ihrem Vorteil ist, das Gefühl haben dem Unternehmen vertrauen zu können und entscheiden, dass Social Media der richtige Kanal ist, um den Wert zu erhalten, den sie suchen" (Heller Baird &

Parasnis, 2011, S.8). In Deutschland wurde der Nutzen von Social Selling von vielen Unternehmen noch nicht erkannt (Schmäh et al., 2016, S.19). Zusammenfassend besteht der Nutzen aus unzähligen Möglichkeiten zur Neukundengewinnung sowie zur Kundenbindung (Bolton et al., 2012, S.5) aber auch aus der detaillierten und gezielten Informationsgewinnung (Greger & Rohr, 2014, S.26). Ein weiteres Problem in Deutschland ist, dass Social Selling noch nicht als eigenständige Vertriebsstrategie interpretiert und eingesetzt wird, sondern nur als Maßnahme um den B2B Vertrieb zu unterstützen (Schmäh et al., 2016, S.23).

Im Folgenden werden die verschiedenen Arten und Ansätze von Social Selling dargestellt. Anschließend werden die Social Selling Kanäle und - Technologien sowie der Social Selling Index erörtert.

2.2.1 Internes- und Externes Social Selling

Das interne Social Selling ist eine Strategie die „den Fokus auf die Implementierung eines Informationssystems innerhalb der Unternehmung [richtet], mit dem Ziel einen lückenlosen und effizienten Informationsaustausch zwischen Mitarbeitern und Abteilungen zu gewährleisten, um so den Verkauf zu unterstützen" (Schmäh et al., 2016, S.18). So lässt sich die interne Kommunikation und die dazugehörigen Prozesse beschleunigen. Der Markt bietet bereits zahlreiche technologische Lösungen, in Form von Chats, Community Softwares, Social Command Programme und SaaS Projekt Management, die diese Strategie leicht umsetzen lassen. Hierbei gilt es jedoch beachten, dass der reine Kauf solcher Technologien nicht ausreicht, um die interne Kommunikation zu verbessern. Damit die Umsetzung und die Implementierung bei den Mitarbeitern funktioniert, müssen ausreichende Schulungen angeboten werden (Schmäh et al., 2016, S.18).

Das externe Social Selling hingegen ist das, worauf in dieser Arbeit bisher der Fokus gelegen hat. Es handelt sich um die Lead und Kunden Akquirierung mithilfe der Anwendung von den sozialen Netzwerken. Wie im vorherigen Kapitel schon beschrieben wurde wird anhand des externen Social Selling die traditionelle Vertriebsstrategie mit der Digitalisierung verknüpft. Somit wird der klassische Vertrieb nicht abgeschafft sondern durch neue digitale Hilfsmittel ergänzt und verbessert. Bisher liegen keine allgemein anwendbaren Strategien für das externe Social Selling vor. Diese müssen auf das entsprechende Unternehmen und die Branche entwickelt und angepasst werden (Schmäh et al., 2016, S.19).

2.2.2 Push- und Pull-Ansatz

Der Push-Ansatz des Social Selling ist der Vorgang, in dem der Verkäufer das Produkt aktiv über die sozialen Netzwerke an den Kunden bringen will. Die potentiellen Käufer werden direkt vom Verkäufer kontaktiert und es wird anhand der vorherigen gesammelten Informationen argumentiert. Hier kann es sich zum Beispiel um ein Problem handeln worüber der potentielle Kunde sich über die sozialen Medien geäußert hat. Passend dazu bietet der Verkäufer demjenigen die passende Lösung an. Mit dieser Strategie agieren die sozialen Medien wie ein digitaler Markt. Hier treffen, die im klassischen offline Vertrieb, Angebot und Nachfrage aufeinander (Schmäh et al., 2016, S.19f.).

Beim Pull-Ansatz handelt es sich eher um eine strategische Vorgehensweise von der der potentielle Kunde nichts direkt mitbekommt. Der Verkäufer profitiert lediglich von den Daten, die in den sozialen Netzwerken zu finden sind. Anhand dieser Taktik gelingt es „Kundenaussagen zu Monitoren und Kundeninformationen zu generieren, um diese gemäß Compliance-Richtlinien (das heißt unter Beachtung von Datenverarbeitung, Daten-Privatsphäre und Datensicherheit) in einer Datenbank zu sammeln, auszuwerten und als unterstützendes Tool im Verkaufsprozess zu verwenden" (Schmäh et al., 2016, S.20). Indem der Kunde explizite oder implizite Wünsche äußert, teilt er dem Unternehmen wichtige Daten für den Vertrieb mit, die im besten Fall in einem Verkauf enden. Des Weiteren können die bereits in der internen Datenbank vorhandenen Daten und bestehende Kunden zu ähnlichen neuen Käufen verhelfen. Um diese Verknüpfung zwischen den bestehenden Kunden und neuen potentiellen Kunden zu schaffen, bieten die sozialen Medien alle notwendigen Informationen. In den meisten sozialen Netzwerken sind Algorithmen verbaut die bei einer solchen Neukundenakquise unterstützen (Schmäh et al., 2016, S.21).

2.2.3 Social Selling Kanäle

Für die neue digitale Vertriebsstrategie werden hauptsächlich die Social Media Netzwerke wie LinkedIn, Xing und Facebook benutzt. Dies sind Netzwerke in denen viele aktive Unterhaltungen stattfinden und die Anzahl der Mitglieder kontinuierlich steigt. Man kann leicht in diverse Konversationen einsteigen und Fragen sowie Kommentare zum eigenen Produkt oder Dienstleistung finden und beantworten (Belew, 2014, S.8). Jedoch sollten auch die visuellen Kanäle wie Instagram, Youtube, Pinterest, Slide-Share und Snapchat integriert werden, um die Produkte oder Dienstleitungen anhand von Bildern und Videos zu präsentieren. Die

Interessenten können Kommentare hinterlassen um auf sie aufmerksam zu werden und den ersten Kontakt herzustellen. Darüberhinaus kann man auch Blogs und Communities zu den Social Selling Kanälen zählen, worüber man sich einen Namen machen und seine Zielgruppe eingrenzen kann (Schmäh & von Essen, 2017, S.53). Auch Antwort-Hubs und –Gruppen kann man zu den Social Selling Kanälen zählen. Diese sind auch in den Sozialen Netzwerken und den Communities zu finden, jedoch stehen auch einige alleine da. Hier können Fragen gesucht und beantwortet werden, die sich auf das Produkt oder die Dienstleistung des Unternehmens beziehen. Dazu kommen ebenfalls noch die Online Media oder Nachrichtenseiten. Diese können mit Blogs verglichen werden, wobei der Leser dazu ermutigt wird sich zu registrieren, ein Profil anzulegen und zu einem aktiven Kommentator zu werden. Diese Art von Kanälen dient als Plattform um interessante Unterhaltungen aufzugreifen und an diesen teilzunehmen. So ist es den Unternehmen möglich an den richtigen Stellen präsent zu sein an denen sich die potentiellen Kunden ebenfalls aufhalten und die Aufmerksamkeit zu erlangen (Belew, 2014, S.9f.).

Zu den internen Social Selling Kanälen oder auch Enterprise-Social-Networks genannt zählt zum Beispiel Workplace by Facebook, welches die selben Funktionen wie das Facebook Original beinhaltet, somit können Kollegen Gruppen erstellen, untereinander Nachrichten verschicken, Highlights teilen und auch Events planen. Auch Slack ist ein wichtiger Bestandteil des internen Social Selling. Hier handelt es sich um einen webbasierter Instant-Messaging-Dienst in dem man einzelne Kollegen direkt kontaktieren oder auch diverse Gruppen bilden kann. Weitere Plattformen sind Convo, Yammer, Stackfield, Bitrix24, Chatter, Hajoki und Podio (Kowalski, 2015).

2.2.4 Social-Technology

Um die interne Zusammenarbeit zu stärken und dadurch wiederum die externe Aktivität in den sozialen Netzwerken zu verbessern werden in Unternehmen Social Business Technologien angewendet. Hierzu zählen folgende Systeme:

- Social Media Management Systems (SMMS): dienen zur Zusammenarbeit unter Verkäufern im Bereich Social Listening und Kundenannäherung
- Enterprise Social Networks (ESN): ermöglicht den einfachen und direkten Informationsaustausch mit Kollegen im Vertrieb, aber auch mit anderen Abteilungen, um zum Beispiel Erfahrungen auszutauschen
- Social Customer Relationship Management (Social CRM): die Aktivitäten mit den Kunden sowie die erworbenen Informationen aus den sozialen

Netzwerken werden archiviert und organisiert, damit die Kollegen die Daten einsehen können und die After-Sales Mitarbeiter vollen Einblick hat

- Sales Intelligence (SI): Entscheidungsträger werden automatisch identifiziert und der Verkäufer wird über jegliche hilfreiche Veränderung (Neueinstellungen, Beförderungen, usw.) informiert um darauf reagieren zu können und nichts mehr zu verpassen
- Social Graphs: Visualisierung der Interaktionen zwischen Kollegen, Partnern, Kunden und Interessenten, damit die Teamleiter im Unternehmen verstehen können wo und wie sie die Mitarbeiter einsetzen müssen um den Vertrieb zu verbessern

Diese internen Technologien bilden eine Grundlage, um den Vertrieb ständig zu verbessern und mehr Kunden zu generieren. Jedoch kann das Unternehmen diesen Erfolg nur generieren, wenn die Systeme richtig angewandt werden. Dazu müssen die Mitarbeiter von den entsprechenden Abteilungen regelmäßig geschult werden (Hootsuite, 2013, S.10f.).

2.2.5 Social-Selling-Index

Um den Social Selling Mehrwert für das Unternehmen zu quantifizieren und die Vorteilhaftigkeit sichtbar zu machen, könnte der Social-Selling-Index eingeführt werden. Anhand von diesem Index misst zum Beispiel LinkedIn den Einfluss der Individuen im Business Netzwerk. „Hierbei reflektiert das Social Selling Dashboard nach eigenen Angaben des Unternehmens vor allem auf ein Benchmarking des Unternehmens im Vergleich zu anderen Markt-Teilnehmern innerhalb von LinkedIn" (Schmäh et al., 2016, S.24). Um zu diesem Index zu gelangen vergleicht LinkedIn sehr erfolgreiche Verkäufer anhand von deren Verhalten und deren Nutzung des sozialen Netzwerks. Daraus ergibt sich eine Kennzahl zwischen 1 und 100, die sich täglich aktualisiert. Nun besteht die Aufgabe darin, „diese Kennzahl mit einer traditionellen betriebswirtschaftlichen Kenngröße zu verbinden" (Schmäh et al., 2016, S.25).

2.3 Abgrenzung zum Social Media Marketing

Bisher wurde mit den Thema Social Media im Unternehmen immer die Marketing Abteilung verknüpft, die das Ziel hat den Kunden zu erreichen. In den letzten Jahren wurde jedoch der Begriff „Social Selling" immer aktueller und bekannter. Oftmals werden die Begriffe Social Selling und Social Media Marketing verwechselt. Die Abteilungen können durch ihre strategischen Ziele unterschieden werden. Das

Social Media Marketing verfolgt das Ziel mit einer digitalen Ansprache viele potentielle Kunden der Zielgruppe zu erreichen, hier handelt es sich also um eine Beziehung 1 zu n. Das Social Selling hingegen verfolgt eine 1 zu 1 Strategie. Das heißt die Verkäufer interagieren anhand einer maßgeschneiderten und individuellen Kontaktaufnahme mit den Käufern, um deren Bedürfnisse und Kaufmotive zu erfahren (Schmäh et al., 2016, S.17f.). Der Vertrieb und die Marketing Abteilung arbeiten dennoch eng miteinander zusammen, indem der Verkäufer mit hochwertigen Inhalten vom Marketing unterstützt wird. Dennoch wollen die potentiellen Kunden sehen, dass die Verkäufer nicht nur Marketing Kommunikationen und Unternehmens Informationen verbreiten, sondern auch Branchenspezifische Neuigkeiten, vom Unternehmen unabhängige Beiträge und weitere Berichte die die Zielgruppe interessieren, in den sozialen Netzwerken teilen (Hootsuite, 2013, S.12).

2.4 Social Media Strategien

Obwohl die sozialen Medien für die Unternehmen von immer höherer Bedeutung werden, sind diese Aktivitäten häufig nicht in die Strategie des Unternehmens und den Markenauftritt integriert. Der Social Media Management Zirkel von Hardiman (2014) schafft ein planvolles Vorgehen, um das Potential der Social Media komplett auszuschöpfen und strategisch, ohne Wildwuchs, aufzutreten (Hardiman, 2016, S.401). Der in Abbildung 2 dargestellte sachlogische und systematische Zirkel besteht aus

- der Bestimmung des Social Media Status,
- den Social Media Zielen,
- der Social Media Strategie sowie
- deren Umsetzung im Social Media Mix mit der Implementierung und
- der Erfolgskontrolle durch das Social Media Measurement

(Hardiman, 2014, S.487).

Der Social Media Status ist der Ausgangspunkt für Aktivitäten in den sozialen Medien. Hierzu wird eine Analyse über die aktuelle Situation und die Möglichkeiten der Produkte in Social Media erstellt. Somit werden alle Informationen zu den derzeitigen sowie zu den zukünftigen Rahmenbedingungen gesammelt, damit die anschließenden Schritte ausreichend fundiert sind und um sicherzustellen, dass die Entscheidungen Umsetzbar und Realisierbar sind (Hardiman, 2016, S.402).

Die Social Media Ziele und Strategien bilden die Planungsphase eines Konzepts. Hardiman (2014) beschreibt diesen Prozess als „schlüssiger, ganzheitlicher Handlungsplan (Fahrplan), der sich an angestrebten Social Media Zielen (Wunschorten) orientiert, für ihre Realisierung geeignete Social Media Strategien (Route) wählt und auf ihrer Grundlage die adäquaten Social Media Instrumente (Beförderungsmittel) festlegt" (Hardiman, 2016, 402).

Für die anschließende Umsetzung der Social Media Maßnahmen existieren eine Vielzahl von Instrumenten. Diese helfen dem Unternehmen in Kontakt mit potentiellen Kunden zu treten, sich auszutauschen und weitere Strategien für den Vertrieb in den sozialen Netzwerken umzusetzen. Zur Auswahl der geeigneten Plattform muss eine Klassifizierung aller Instrumente vollzogen werden. Die Plattformen unterscheiden sich nach den Nutzungsszenarien und der Zielgruppe. Zuletzt wird geprüft ob die Instrumente mit den Vertriebszielen übereinstimmen (Hardiman, 2016, S.403).

Das Social Media Measurement hat das Ziel zu kontrollieren, ob die verfassten Ziele erreicht werden. Für diese Kontrolle wurde das Social Media Monitoring entwickelt. Darunter versteht man „die laufende Beobachtung, Messung und Auswertung von nutzergenerierten Inhalten nach Begriffen oder Themen" (Hardiman, 2016, S.403).

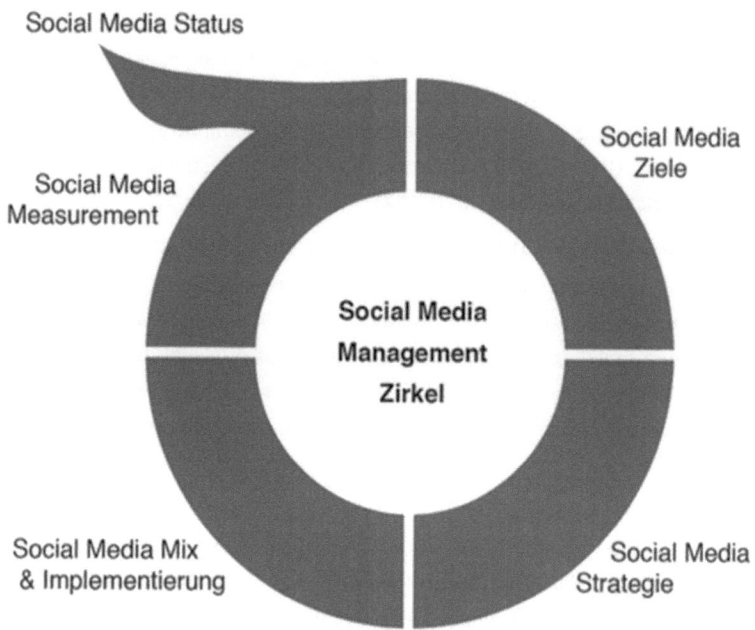

Abbildung 2. Bestandteile des Social Media Management Zirkels (Hardiman, 2014, S.487)

In Abbildung 3 wird die Wechselwirkung zwischen dem Monitoring und den Strategien und Zielen deutlich. Durch das Monitoring werden die Social Media Strategien und Ziele ständig angepasst. Ohne das Monitoring befindet sich der Vertrieb in einem „Blindflug" (Hardiman, 2016, S.404).

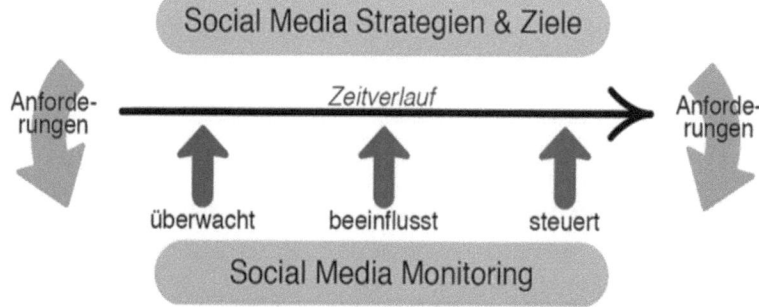

Abbildung 3. Rolle des Social Media Monitorings (Hardiman, 2014, S.497)

Dabei sind die erfolgreichen Social Media Strategien laut Gansser (2014):

- die Plattform-Strategie
- die Monitoring-Strategie
- die Content-Strategie
- die Dialog-Strategie
- die Zielgruppen-/Kunden-Strategie
- und die Guidelines-Strategie.

Die Plattform-Strategie legt fest welche Sozialen Netzwerke benutzt werden. Laut Hilker (2010, S.32) hat „jede Plattform (...) ihre eigene Sprache", weswegen die Wahl des sozialen Netzwerks von den Zielen des Unternehmens und der Zielgruppe abhängt. Ob man nur national oder auch international agieren möchte, ganz neue Märkte erobern will, auf der Suche nach neuen Mitarbeitern ist oder neue potentielle Kunden ansprechen will bestimmt welche Plattformen Sinn ergeben und als Mittel genutzt werden sollten (Hilker, 2010, S.32-33).

„Unter Social-Media-Monitoring wird die Beobachtung von Diskussionen, Stimmungen und Meinungsbildungen über Unternehmen, Produkte, Marken oder Personen im Social Web verstanden" (Gansser, 2014, S.9). Die Monitoring Strategie verhilft den Unternehmen die Sozialen Medien zu scannen und somit die Zielpersonen, Marktgegner, Themen und Diskussionen zu erkennen. Dadurch kann das Unternehmen sich frühzeitig einen Marktvorteil zu verschaffen (McCarthy et al., 2010, S.604-626). Eine Monitoring-Methode wären die RSS-Feeds. Mit Hilfe dieser Channels wird man jederzeit über Veränderungen informiert. Zum Beispiel erhält man bei jeglichen interessanten Bewegungen auf dem Markt die Schlagzeilen oder die nötigen Informationen zugeschickt (Ahlers, 2011, S.24-32). Wie bereits erwähnt kann die Online Aktivität und die Strategie jederzeit durch das Monitoring an den Markt angepasst werden.

Die Content-Strategie dient dazu die Verbindung zwischen dem „was" (gewünschte Botschaft), dem „wer" (Zielgruppe) und dem „wie" (Frage nach der Vermittlung) herauszufinden und anschließend dauerhaft umzusetzen (Lembke, 2011, S.97). Nur dann können Beitrage für die Sozialen Medien verfasst und veröffentlicht werden, die dem Unternehmen weiterhelfen und erfolgreich sind.

Daraufhin folgt die Dialog-Strategie, denn das reine posten einer Botschaft in den Sozialen Medien reicht nicht aus für ein gutes und erfolgreiches Social Selling. Dazu spielt das „aktive Handeln und Eingehen auf das Geschehen eine große Rolle"

(Gansser, 2014, S.15). Das Ziel des Unternehmens sollte es sein ein Dialog herbeizuführen, indem auf Kommentare, Beiträge und Reaktionen von potentiellen sowie bestehenden Kunden aber auch Mitbewerbern eingegangen wird.

Das Herzstück von Social Media Strategien ist die Zielgruppe. Hierzu muss man wissen, wer die relevanten Ansprechpartner sind, warum diese interessant für das Unternehmen sind, wo diese sich in den Sozialen Netzwerken aufhalten, wie das Verhalten der Zielpersonen auf den Plattformen ist und wie man sie erreichen kann (Gansser, 2012, S.18).

Da die Aktivität in den sozialen Medien sehr zeitaufwändig ist müssen im Unternehmen die entsprechenden Ressourcen geschaffen werden. Damit beschäftigt sich die Guidelines-Strategie. Für die Betreuung der Plattformen werden Mitarbeiter benötigt, die das Unternehmen online repräsentieren (Postel et al., 2012, S.5). Die Aufgabe der Mitarbeiter besteht darin sich um die Kunden zu kümmern, aktiv zuzuhören, zu antworten sowie interessante Beiträge zu schaffen (Kietzmann et al., 2011, S.249).

2.5 Forschungsergebnisse zu Social Selling

Im letzten Teil der theoretischen Fundierung werden aktuell durchgeführte Studien zum Thema Social Selling präsentiert. Begonnen wird mit der Studie von Prof. Dr. Schmäh uns seinen Studenten aus dem Jahr 2015. Das Ziel der Studie ist das Social Selling in Deutschland genauer unter die Lupe zu nehmen, und herauszufinden ob, wie und in welchem Maße es genutzt wird. Daraufhin folgt die „Social Selling im B2B Vertrieb" Analyse von Hootsuite aus dem Jahr 2013. Hier wird Social Selling im Allgemeinen erklärt und vorgestellt bevor die Ergebnisse von diversen Untersuchungen Licht ins Dunkle bringen und über die Social Selling Situation in Deutschland aufklären. Anschließend wird die internationale Studie von Ancillai aus dem Jahr 2019 dargestellt. Die qualitative Forschungsstudie will eine fundierte Basis für alle folgenden Studien bilden. Das Ziel ist es Social Selling zu konzipieren, die wichtigsten Facetten anhand der literarischen Forschung aufzuzeigen und dies anschließend mithilfe einer Feldstudie zu belegen. Zuletzt wird ein Einblick in die indische Studie aus dem Jahr 2017 zum Thema „Social Media Nutzung im B2B-Vertrieb und ihre Auswirkungen auf Competitive Intelligence und den adaptiven Verkauf" gewährleistet.

2.5.1 Social Selling als strategisches Verkaufstool – EBS Business School

Im Jahr 2015 hat Schmäh mit seinen Studenten an der EBS Business School in Reutlingen eine Studie zum Social Selling durchgeführt. Das Ziel der Studie war „die Erörterung des Status Quo von Social Selling in der deutschen Unternehmenslandschaft" (Schmäh et al., 2016, S.17). In einem ersten Schritt wurden explorative Befragungen durchgeführt, um die Grundzüge des Konzepts klar definieren zu können. Anschließend wurden 235 Probanden zur Praxisrelevanz und dem Entwicklungsstand von Social Selling in Deutschland befragt (Schmäh et al., 2016, S.17).

Die Ergebnisse der Studie zeigen, dass im Jahr 2015 das Social Selling für 55% der Befragten keine Rolle gespielt hat, für 31% hat es eine untergeordnete Rolle gespielt und nur für 13% der Probanden spielte es eine große Rolle (Schmäh et al., 2016, S.20). Unter den Befragten, die Social Selling anwenden, sind 39% der Meinung, dass die Strategie einen Einfluss auf das Betriebsergebnis hat und 26% sehen keinen Unterschied im Betriebsergebnis (Schmäh et al., 2016, S.21). Darüber hinaus kommt durch die Studie zum Vorschein, dass nur 22% der Unternehmen Social Selling als interne und externe Strategie verwenden. Die Kombination beider Strategien verspricht die besten Resultate, jedoch wenden bisher 65% der deutschen Unternehmen nur das externe Social Selling an (Schmäh et al., 2016, S.22). Zum Schluss der Studie wurde gefragt in welchen Bereich des Unternehmens die Durchführung des Social Sellings fällt. Dabei nannten 22 Befragte den Vertrieb sowie die Geschäftsführung und 42 Probanden erwähnten die Marketing Abteilung. Dies bestätigt, dass Social Selling mehr als vertriebsunterstützendes Marketing-Instrument angesehen wird als eine reine Vertriebsstrategie. Dadurch wurde bestätigt, dass das Social Selling in Deutschland noch nicht über genug Bekanntheit verfügt und ein Mangel an klaren Definitionen sowie Handlungsempfehlungen, wie die neue Strategie für die sozialen Netzwerke in den Business-Alltag eingebaut werden soll, besteht (Schmäh et al., 2016, S.23).

Schlussfolgernd legt die Studie der EBS Business School dar, dass im Bereich von Social Selling im deutschen Raum noch Luft nach oben besteht. In Amerika zum Beispiel gehört Social Selling bereits zum Alltagsgeschäft und ist nicht mehr wegzudenken. Der neue Begriff der Vertriebsstrategie ist vielen noch nicht bekannt oder die Implementierung wurde noch nicht umgesetzt (Schmäh et al., 2016, S.25).

2.5.2 Social Selling im B2B Vertrieb – Hootsuite

Hootsuite hat im Jahr 2013 ein White Paper über Social Selling im B2B Vertrieb veröffentlicht. Ein Bestandteil des Papers ist die Studie von der Aberdeen Group (2013), die 173 Endverbraucher-Vertriebsorganisationen befragten, um zu verstehen, wie die Top-Performer unter ihnen Social Media nutzen. Dabei wurde herausgefunden, dass von den Vertriebsmitarbeitern die Social Selling als Strategie nutzen, 64% ihr angestrebtes Verkaufskontinent erreichen. Wohingegen von den restlichen Mitarbeitern im Vertrieb nur 49% ihre Ziele erfüllen. Auf folgender Abbildung sind die restlichen Ergebnisse der Befragung zu erkennen (Ostrow, 2013, S.1).

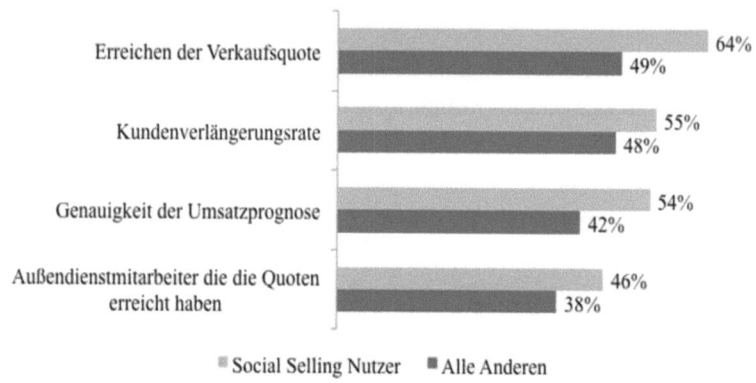

Abbildung 4. Übersicht der Ergebnisse der Aberdeen Group (eigene Darstellung nach Ostrow, 2013, S.1)

Die Kunden sind heutzutage bereits vor dem ersten Gespräch über das Produkt informiert, somit hat man „es also nicht mehr mit einem Kunden zu tun, dessen Unwissenheit ein Faktor ist" (Hootsuite, 2013, S.5). Laut einer Umfrage von International Data Corporation bekommen die Käufer durchschnittlich 6 Telefonanrufe und 14 E-Mails pro Tag. Davon werden lediglich 10,5% der Anrufe und 9% der E-Mails beantwortet (Murray et al., 2012). Dies resultiert daraus, dass die potentiellen Kunden eigenständig Informationen nach deren Bedürfnissen in den sozialen Netzwerken suchen, wodurch die Anrufe oder E-Mails keine Dienstleistung mehr darstellen, sondern nur Zeitaufwand sind. Darüberhinaus ist 70% des Einkaufsprozesses des Käufers bereits abgeschlossen bevor dieser sich mit dem Verkäufer in Verbindung setzt (Adamson, Dixon & Toman, 2012). Laut Hootsuite (2013) ist die Antwort auf diese Tatsachen Social Selling. Die Verkäufer können die sozialen Medien nutzen, um im richtigen Zeitpunkt mit dem Kunden in Verbindung zu treten, um sich Authentizität und Glaubwürdigkeit zu verschaffen und um durch die aktive Beteiligung in Gruppen sichtbar für den Käufer zu bleiben (Hootsuite, 2013, S.6f.).

Die schnelle Entwicklung der sozialen Medien hat für den Strategiewechsel in den Unternehmen gesorgt, jedoch „verfügen die meisten [...] Unternehmen [...] noch nicht über ausreichende Social-Media-Trainingsprogramme" (Hootsuite, 2013, S.9). 2012 hat die Sales Management Association (SMA) von 140 Firmen die Vertriebsleiter und Führungskräfte im Vertrieb über die Social-Media-Ausbildung in deren Abteilung befragt. 68% gaben an, dass es keine ausreichend gute Schulung zur Verwendung der sozialen Medien gäbe und 20% haben eine gute Schulung von ihrem Unternehmen erhalten (Hootsuite, 2013, S.9). Die Studie der Aberdeen Group hat dies ebenfalls befragt, wobei herauskam, dass die sogenannten „best-in-class" (besten 20% in der Industrie) Vertriebsorganisationen bereits Social-Media-Schulungen für das interne sowie das externe Social Selling implementiert haben. Von den „industry average" (mittleren 50% der Industrie) Unternehmen haben nur 50% Schulungen für die externen und 48% für die internen Social Media Tools. 30% der „laggard" (unteren 30% in der Industrie) Firmen schulen ihre Mitarbeiter für externe soziale Netzwerke wobei diese Vertriebsmitarbeiter gar nicht für interne Tools geschult werden (Ostrow, 2013, S.2). Laut Hootsuite (2013, S.10) können die schwachen Vertriebsteams nur aufholen, wenn diese eine Social-Media-Strategie entwickeln sowie Mitarbeiterschulungen implementieren.

2.5.3 Konzeptionelle Grundlagen für B2B Social Selling – Ancillai et al.

Bisher gibt es kaum wissenschaftliche Studien, welche sich auf die Rolle von Social Selling in der B2B Industrie fokussieren, wodurch nur wenig Einsicht in die neue Vertriebsstrategie gegeben ist. Die rezente Studie von Ancillai et al. konzeptualisiert Social Selling und arbeitet die Kernfacetten heraus. Im ersten Schritt wird sich auf die Literatur zu Social Selling und zur Nutzung von Social Media im B2B-Verkauf gestützt um daraufhin diese theoretischen Eindrücke mit den Erkenntnissen einer Feldstudie zu ergänzen. An der Befragung haben 34 Social Selling Experten teilgenommen (Ancillai et al., 2019, S.2).

Im ersten Teil der Studie bilden sich drei Gruppen der bereits bestehenden Forschungen. Die erste Gruppe umfasst deskriptive Studien, die die Nutzung von Social Media Plattformen durch Vertriebsmitarbeiter untersuchen. Diese Studien haben ergeben, dass Vertriebsmitarbeiter Social Media im B2B-Vertrieb häufig nutzen, sich aber insbesondere auf bestimmte soziale Kanäle und Tools wie professionelle Netzwerkplattformen und Instant Messaging-Anwendungen konzentrieren.

Insgesamt sind die Studien in dieser Gruppe beschreibend und verflogen einen praxisorientierten und nicht einen theoriebildenden Ansatz. Die zweite Studiengruppe konzentriert sich auf den Grad der Nutzung von Social Media im Verkauf. Die Wissenschaftler untersuchen entweder die Intensität der Nutzung von Social Media im Vertrieb oder den Gesamtgrad der Social Media Integration in den Verkaufsprozess (Ancillai et al., 2019, S.2f.). Schließlich haben einige neuere Studien die Idee vorgestellt, soziale Verkaufsaktivitäten zu untersuchen und Einblicke zu geben, wie Verkäufer tatsächlich Sozialverkäufe tätigen. Einige Studien deuten darauf hin, dass Social Media genutzt werden kann, um Informationen zu sammeln, um Kunden besser zu verstehen, sowie um Netzwerke zu knüpfen und mit Kundeninteressenten zu interagieren. Andere Studien weisen darauf hin, dass Verkäufer versuchen, ihren Ruf aufzubauen, indem sie zu Communities gehören, Beiträge teilen, bloggen oder sozialen Einfluss in Online-Communities ausüben. Die Literatur macht deutlich, dass der Forschung gemeinsam vereinbarte, empirisch fundierte und theoretisch strenge Definitionen des Social Selling in der B2B Industrie fehlen (Ancillai et al., 2019, S.3). Der nächste Schritt der Studie von Ancillai et al. ist es auf diesen Punkt und ferner auf weitere fehlende Informationen einzugehen indem das B2B Social Selling auf der Grundlage einer Feldstudie konzipiert wird. Die Herausforderung ist nicht nur eine einheitliche Definition zu formulieren, sondern auch herauszufinden wie Verkäufer Social Selling betreiben und eine detaillierte Beschreibung der Aktivitäten die am Social Selling beteiligt sind zu liefern (Ancillai et al., 2019, S.4).

Die folgende Abbildung gibt die Ergebnisse der Feldstudie und somit das formulierte Konzept des Social Sellings in der B2B Industrie wieder.

Theoretische Fundierung

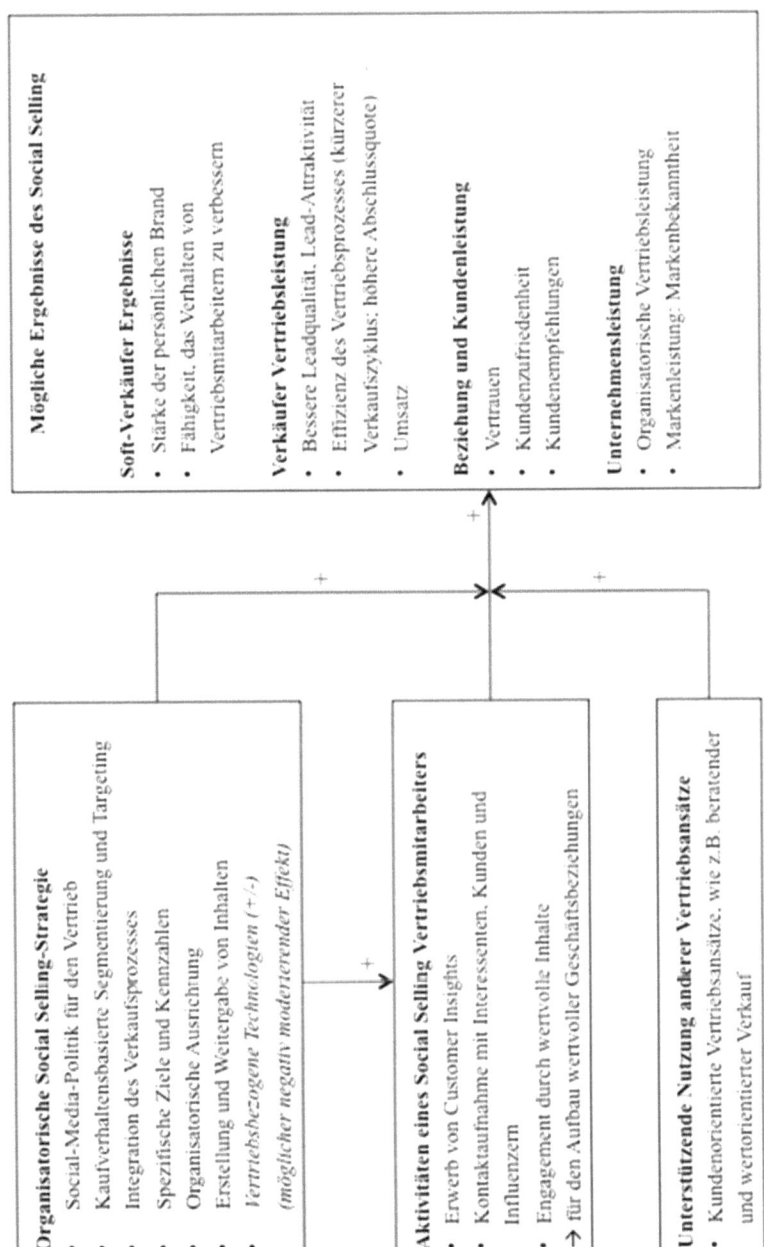

Abbildung 5. Das Konzept des Social Sellings und seine potenziellen Schlüsselergebnisse (eigene Darstellung nach Ancillai et al., 2019, S.6)

2.5.4 Social Media Nutzung im B2B-Vertrieb und ihre Auswirkungen auf die Sammlung von Wettbewerbsinformationen und den adaptiven Verkauf – Itani et al.

Die quantitative Studie von Itani, Agnihotri und Dingus (2017) untersucht die Rolle von Social Media und ihre Auswirkungen auf den Verkaufsprozess im B2B-Umfeld in Indien. Die folgende Abbildung bietet Einsicht in das Hypothesenmodell der Forschung.

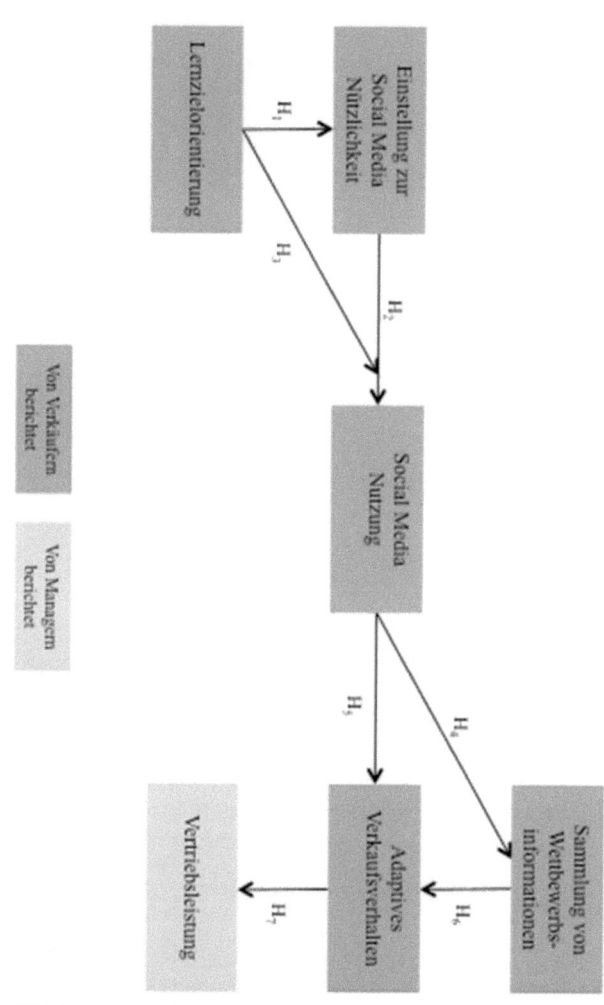

Abbildung 6. Hypothesenmodell von Itani et al. (eigene Darstellung nach Itani et al., 2017, S.5)

Es haben 219 Verkäufer an der Befragung teilgenommen wovon 120 Vorgesetzte von Vertriebsmitarbeitern waren (Itani et al., 2017, S.8). Die Studie bestätigt zuerst, dass die Lernorientierung die Einstellung zum Social Media Nutzen stärkt. Es wurde jedoch kein Zusammenhang zwischen der Einstellung zur Social Media Nützlichkeit und der Social Media Nutzung gefunden. Dahingegen konnte ein positiver Zusammenhang zwischen der Social Media Nutzung und der Sammlung von Wettbewerbsinformationen gefunden werden. Darüber hinaus hat die Social Media Nutzung einen positiven Einfluss auf das adaptive Verkaufsverhalten und auch der adaptive Verkauf und die Sammlung von Wettbewerbsinformationen sind positiv miteinander verbunden. Schließlich wurde auch ein positiver Zusammenhang zwischen dem adaptivem Verkauf und der Vertriebsleistung gefunden. Weiter fand die Studie heraus, dass die Lernorientierung mit der Einstellung der Verkäufer zur Nützlichkeit von Social Media interagiert um ihre Social Media Nutzung zu beeinflussen. Zuletzt wurde anhand des moderierenden Effekts der Lernzielorientierung herausgefunden, dass die Zielorientierung eines Verkäufers und seine Einstellung zu Social Media aufeinander wirken, um die Nutzung von Social Media positiv zu beeinflussen (Itani et al., 2017, S.9f.).

3 Herleitung der Hypothesen

Im dritten Kapitel gilt es die Hypothesen rund um das Social Selling aufzustellen und das Hypothesenmodell zu entwickeln. Dazu müssen vorerst die Konstruke konzeptualisiert und die Hypothesen formuliert werden. Anschließend wird das Kausalmodell zusammengestellt, welches die Basis für die daraufhin folgende empirische Befragung bildet.

3.1 Konzeptualisierung der Konstrukte

Das erfolgreiche Social Selling gelingt durch die Erfolgsfaktoren, welche in diesem Kapitel definiert werden. Das vorläufige Hypothesenmodell (siehe Abbildung 7) visualisiert die Einflussvariablen ‚Erfolgsfaktoren', das Konstrukt ‚Social Selling' als intervenierende Variable und das Konstrukt ‚Unternehmenserfolg' als Zielvariable.

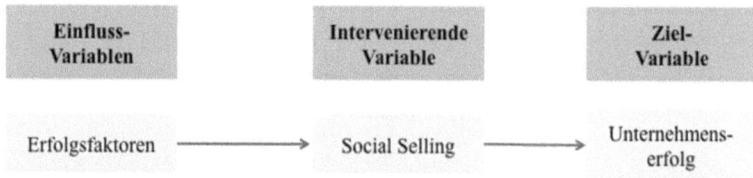

Abbildung 7. Vorläufiges Hypothesenmodell (eigene Darstellung)

Nachdem die Erfolgsfaktoren definiert wurden werden die dazugehörigen Hypothesen formuliert. Anschließend wird die intervenierende Variable, das Social Selling, sowie die Zielvariable, der Unternehmenserfolg, konzeptualisiert um die letzte Hypothese verfassen zu können.

3.1.1 Konzeptualisierung der Erfolgsfaktoren

Die sozialen Medien werden von den meisten Mitarbeitern nicht nur privat sondern auch beruflich immer mehr genutzt, trotzdem verfügen ein Großteil der deutschen Unternehmen noch nicht über ausreichende Social-Media-Trainingsprogramme (Hootsuite, 2013, S.9). Die Studie der Altimeter Group aus dem Jahr 2011 fand heraus, dass nur 66% der befragten Unternehmen ihren Mitarbeitern ein Social-Media-Schulungsprogramm bieten (Owyang, 2011, S.11). Angrenzend fand die Aberdeen Group 2012 heraus, dass die erfolgreichsten Vertriebsorganisationen („best-in-class") ihren Mitarbeiter für die Nutzung von externen Social Media Plattformen Schulungen anbieten, was sie von den „Industry Average"- und „Laggard"-Unternehmen abspaltet (Ostrow, 2013, S.2). Laut Hootsuite (2013, S.10) besteht darüber hinaus eine positive Korrelation zwischen Social-Media-Schulungen und der Umsatzentwicklung.

Die Schulungen können in verschiedenen Varianten auftreten, wie zum Beispiel interne Trainings im Unternehmen, Webinare oder externe Schulungen. Die Kurse können von internen Experten oder von externen Trainern abgehalten werden.

Die erste Hypothese der Thesis prüft demnach, ob ein Zusammenhang zwischen Social Media Trainings und der erfolgreichen Nutzung von Social Selling besteht.

H_1: Die Social Media Schulungen haben einen positiven Einfluss auf den Erfolg von Social Selling.

Die Altimeter Group fand im Jahr 2011 heraus, dass ein Mangel an Social-Media-Strategien in den Vertriebsabteilungen besteht. Im Vertrieb hatten nur 11% der befragten Unternehmen formalisierte kundenorientierte Ausrichtungen eingesetzt, gegenüber 82% im Marketing (Owyang, 2011, S.13). Die Teilnehmer der Feldstudie von Ancillai et al. (2019) betonten, dass eine Social-Media-Strategie für Social Selling klar definiert und kommuniziert werden muss, um die besten Ergebnisse zu erzielen. Unternehmen sollten die richtigen Personen für die Verwaltung von Social Media Tools identifizieren, die es den Mitarbeitern ermöglichen, die sozialen Medien zu nutzen und Richtlinien für deren ordnungsgemäße Nutzung bereitstellen. Außerdem sollten die Unternehmen ihre Verkäufer dabei unterstützen detaillierte Käuferprofile zu verstehen, die bei der Lead-Qualifizierung und der Steuerung des Social Selling helfen können. Die Strategie soll ebenfalls dazu verhelfen die sozialen Verkaufsaktivitäten systematisch in die Verkaufsprozesse zu integrieren. Für das Gelingen von Social Selling müssten des Weiteren Ziele und Kennzahlen berücksichtigt werden, welche sich jedoch nicht nur auf die Quantität konzentrieren, sondern auch auf die Qualität der Aktivitäten (Ancillai et al. 2019, S.9). Bei der organisatorischen Ausrichtung erwähnten die Teilnehmer häufig, dass insbesondere Vertrieb und Marketing mit unterschiedlichen Rollen für ein effektives Management von Online- und Offline-Gesprächen mit Interessenten und Kunden zusammenarbeiten sollten (Ancillai et al., 2019, S.10).

Laut Hootsuite (2013, S.10) können „die Vertriebsteams, die [...] weit abgeschlagen zurück liegen, [...] nur dann noch aufholen, wenn sie eine Social-Media-Strategie formulieren". Die zweite Hypothese prüft aufgrund dessen, ob man die Social Media Management Strategie als Erfolgskriterium von Social Selling einstufen kann und kann wie folgt formuliert werden:

H₂: Der Einsatz von Social Media Strategien hat einen positiven Einfluss auf den Erfolg von Social Selling.

„Adaptives Verkaufsverhalten, ist die Änderung des Verkaufsverhaltens während einer Kundeninteraktion oder über Kundeninteraktionen hinweg, basierend auf wahrgenommenen Informationen über die Art der Verkaufssituation" (Itani et al., 2017, S.7). Diese Definition zeigt, dass Informationen über Kunden, Wettbewerber und den Markt im Allgemeinen eine wichtige Rolle spielen, wenn die Verkäufer ihre Präsentationen und ihren Verkaufsansatz an die Bedürfnisse der Kunden anpassen sollen. Vertriebsmitarbeiter können eine höhere Leistung erzielen, indem sie angemessene Informationen über ihre Angebote, Kunden und Wettbewerber planen und pflegen. Hier könnten die sozialen Medien eine entscheidende Rolle spielen, indem es Vertriebsmitarbeitern ermöglicht, Informationen über Kunden und Wettbewerber zu erhalten. Social Media ist darüberhinaus effektiv bei der Identifizierung der Kundenbedürfnisse, der Beantwortung ihrer Fragen und der effizienten Lösung ihrer Probleme. Da die Kunden dadurch das Gefühl haben, dass diese Verkäufer ihre Bedürfnisse besser verstehen und ihnen maßgeschneiderte Lösungen zur Lösung ihrer Probleme anbieten entwickeln die Kunden eine positive Einstellung gegenüber Verkäufern die adaptives Verkaufen nutzen. (Itani et al., 2017, S.7). Itani et al. (2017, S.9) fanden heraus, dass ein positiver Zusammenhang zwischen des adaptiven Verkaufsverhaltens und der Vertriebsleistung besteht. Davon wird die Hypothese abgeleitet, dass darüberhinaus ein positiver Zusammenhang zwischen dem adaptiven Verkaufsverhalten und dem Erfolg von Social Selling besteht.

H₃: Das adaptive Verkaufsverhalten der Mitarbeiter im Vertrieb hat einen positiven Einfluss auf den Erfolg von Social Selling.

3.1.2 Konzeptualisierung des Kontstrukts ‚Social Selling' als intervenierende Variable

Social Selling wird als eine professionelle Verkaufspraxis bezeichnet, die „auf der Stärke von Social Media Verbündeten innerhalb eines Sozialunternehmens basiert" (Agnihotri, Kathandaraman, Kashyap & Singh, 2012, S.341) und als Fähigkeit „das Wissen über Kunden und das Netzwerk von Kundenbeziehungen zu nutzen, um den Verkaufszyklus des Unternehmens effektiv zu steuern" (Trainor, 2012, S.324). Dabei wird Social Media technisch definiert als „eine Gruppe von internetbasierten Anwendungen, die auf den ideologischen und technologischen Grundlagen des Web 2.0 aufbauen und die die Erstellung und den Austausch von nutzergenerierte Inhalte ermöglichen" (Kaplan & Haenlein, 2010, S.61). Die Unmittelbarkeit und

Verfügbarkeit der sozialen Netzwerke fördert Beziehungen, die ansonsten nur langsam zu erreichen sind, da neue Kontakte einfacher zu knüpfen sind und die Teilnahme an branchenspezifischen Gruppen in den sozialen Medien den Umfang des Screenings reduziert, das bei der Bildung traditioneller Beziehungen stattfindet (Itani et al., 2017, S.1f.). Im Vertrieb können die sozialen Medien und weitere digitale Kanäle dazu genutzt werden, um den effektiven Dialog mit Käufern zu erleichtern. In einer aktuellen B2B-Käuferbefragung teilten 82% der Käufer mit, dass Inhalte in den sozialen Medien einen Einfluss auf ihre Kaufentscheidung haben. Darüberhinaus haben bereits mehrere akademische Untersuchungen ergeben, dass die Nutzung von Social Media im Vertrieb sich positiv auf das Kundenwissen, das Verkaufsverhalten und die Verkaufsleistung auswirkt (Ancillai et al., 2019, S.1f.). So wirkt sich das Social Selling auf die Stärke der persönlichen Marke eines Verkäufers, die Verkaufsperformance, wie die Lead-Qualität, die Vertriebsprozesseffizient und den Umsatz; die Kunden Ergebnisse, wie die Zufriedenheit, die Bindung und das Empfehlungsverhalten; und schlussendlich die Leistung auf Unternehmensebene aus (Ancillai et al., 2019, S.11).

Die deutsche Studie von Schmäh aus dem Jahr 2015 fand dagegen heraus, dass für „55% aller Befragten [...] Social Selling im Unternehmen keine Rolle [spielt], während nur 14% der Teilnehmer Social Selling eine große Bedeutung beimessen". Zudem wird Social Selling in Deutschland von 65% der Befragten ausschließlich als externe Strategie angewendet (Schmäh et al., 2016, S.22). Lediglich 22% der Probanden nutzen die Kombination aus dem externen und internen Social Selling. Somit werden „die aus der Zusammenführung beider Strategien ergebene Potenziale [...] nicht ihrer eigentlichen Möglichkeiten entsprechend eingesetzt" (Schmäh et al., 2016, S.23).

Die vierte Hypothese hat das Ziel herauszufinden, ob der Erfolg von Social Selling als Vertriebsstrategie einen positiven Einfluss auf den Erfolg des Unternehmens in Deutschland hat und kann wie folgt formuliert werden:

H_4: Der Erfolg von Social Selling hat einen positiven Einfluss auf den Unternehmenserfolg.

3.1.3 Konzeptualisierung der Zielvariable ‚Unternehmenserfolg'

Die Untersuchung von Schmäh deckt ebenfalls auf, dass das Social Selling für 61% der Probanden kaum oder sogar überhaupt keinen Einfluss auf das Betriebsergebnis hat und lediglich 13% messen diesem eine große Bedeutung bei (Schmäh et al., 2016, S.21). Somit lässt sich erkennen, dass die Umsetzung in Deutschland noch nicht „ausreichend ausgereift" zu sein vermag, um als „Kontribution zum Betriebsergebnis angesehen zu werden". Schmäh begründet dieses Phänomen mit einem geringen Informationsstand über Social Selling in den deutschen Unternehmen (Schmäh et al., 2016, S.22). Bereits mehrere internationale Studien konnten jedoch den Zusammenhang zwischen Social Selling und der positiven Vertriebsleistung prüfen (Ancillai et al., 2019; Itani et al., 2017). Wobei sich eine gute Leistung im Vertrieb meistens im ökonomischen Erfolg eines Unternehmens widerspiegelt.

Daraus lässt sich ableiten, dass die positiven Auswirkungen des Social Selings auf den Erfolg des Unternehmens bereits international geprüft werden konnte, wobei dies bis dato in Deutschland noch nicht belegt werden konnte.

3.2 Hypothesenmodell

Anhand der Literaturrecherche von früheren Forschungsstudien wurden die Erfolgsfaktoren des Social Sellings identifiziert. Die Einflussvariablen der vorliegenden Studie lauten demnach „Social Media Schulungen", „Social Media Strategien" und „adaptives Verkaufsverhalten". Das Ziel dieser Untersuchung ist es herauszufinden, ob es einen signifikanten sowie direkten und positiven Effekt von den Erfolgsfaktoren auf Social Selling beziehungsweise auf den Unternehmenserfolg gibt. Die folgende Abbildung visualisiert das Kausalmodell der vorliegenden Arbeit.

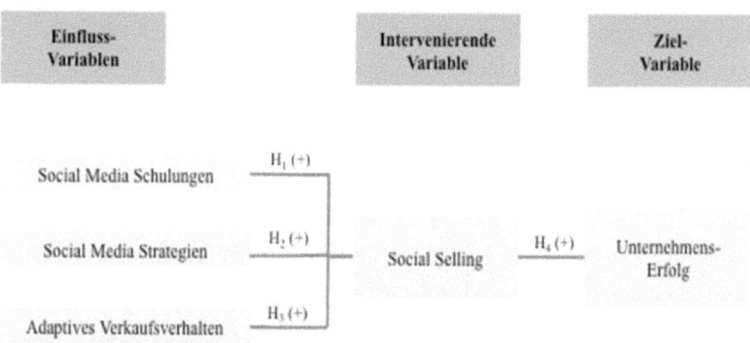

Abbildung 8. Das Hypothesenmodell (eigene Darstellung)

Nachdem die Faktoren identifiziert und konzeptualisiert wurden konnten auch die Hypothesen formuliert werden. Die Basis für die Hypothesen bilden verschiedene Theorien zu Social Selling, wie zum Beispiel Schmäh (2016), Hootsuite (2013), Ancillai (2019) und Itani (2017).

Die Hypothesen prüfen die Wirkungszusammenhänge von den Erfolgsfaktoren auf Social Selling und von Social Selling auf den Unternehmenserfolg. Die Tabelle 1 bietet eine Übersicht der herausgearbeiteten Hypothesen.

		Hypothesen
Erfolgsfaktoren	H1	Die Social Media Schulungen haben einen positiven Einfluss auf den Erfolg von Social Selling.
	H2	Der Einsatz von Social Media Strategien hat einen positiven Einfluss auf den Erfolg von Social Selling.
	H3	Das adaptive Verkaufsverhalten der Mitarbeiter im Vertrieb hat einen positiven Einfluss auf den Erfolg von Social Selling.
Unternehmenserfolg	H4	Der Erfolg von Social Selling hat einen positiven Einfluss auf den Unternehmenserfolg.

Tabelle 1. Übersicht der Hypothesen (eigene Darstellung)

4 Methodisches Vorgehen

In diesem Kapitel wird das methodische Vorgehen der Forschungsstudie erläutert, welches beschreibt wie die bereits formulierten Hypothesen geprüft werden. Zuerst wird auf die Methoden der empirischen Forschung eingegangen, bevor das Untersuchungsdesign im Detail beschrieben wird. Darin wird zunächst auf das Vorgehen für die quantitative Forschung mittels SGM eingegangen, um anschließend die Operationalisierung der Konstrukte zu präsentieren und daraufhin die Durchführung des Pretests zu erklären. Schlussendlich wird die empirische Datenerhebung und Auswertung mittels SmartPLS erläutert.

4.1 Methoden der empirischen Forschung

In der Wissenschaft werden hauptsächlich drei Forschungsansätze benutzt: die quantitative Forschung, die qualitative Forschung sowie die Mixed-Methods-Forschung.

„Die qualitative Forschung ist ein Ansatz zur Erforschung und zum Verständnis der Bedeutung, die Individuen oder Gruppen einem sozialen oder menschlichen Problem beimessen" (Creswell, 2014, S.5). Die quantitative Forschung ist dagegen ein Ansatz, um objektive Theorien über gesellschaftliche Gegebenheiten zu testen, indem man den Kausalzusammenhang zwischen Variablen untersucht, der so genannte Ursache-Wirkungs-Zusammenhang. „Das Interesse liegt hierbei auf der ursächlichen Erklärung von sozialen Phänomenen" (Baur & Blasius, 2019, S.126). Bei der Forschung mit gemischten Methoden werden sowohl qualitative als auch quantitative Daten erhoben. Die Grundannahme dieser Form der Untersuchung ist, dass die Kombination von qualitativen und quantitativen Ansätzen ein vollständigeres Verständnis eines Forschungsproblems ermöglicht als die beiden Ansätze alleine (Creswell, 2014, S.5). Tabelle 2 veranschaulicht die vollständigen Abstufungen der Unterschiede zwischen den drei Ansätzen.

	Qualitative Ansätze	Quantitative Ansätze	Mixed-Methods-Ansätze
Philosophische Annahmen	Konstruktivistische / transformative Wissensansprüche	Postpositivistische Wissensansprüche	Pragmatische Wissensansprüche
Untersuchungsstrategien	Phänomenologie, fundierte Theorie, Ethnographie, Fallstudien und Erzählungen	Umfragen und Experimente	Sequentiell, gleichzeitig und transformativ
Methodik	Offene Fragen, neue Ansätze, Text- oder Bilddaten	Geschlossene Fragen, vorgegebene Ansätze, numerische Daten	Sowohl offene als auch geschlossene Fragen, sowohl neue als auch vorgegebene Ansätze, sowohl quantitative als auch qualitative Datenanalyse
Praktiken der Forschung	<ul><li>Positioniert sich selbst</li><li>Sammelt die Meinungen der Teilnehmer</li><li>Fokussiert sich auf ein einzelnes Konzept oder Phänomen</li><li>Bringt die persönlichen Werte in die Studie ein</li><li>Untersucht den Kontext oder die Einstellung der Teilnehmer</li><li>Bestätigt die Richtigkeit der Ergebnisse</li><li>Macht Interpretationen der Daten</li><li>Erstellt eine Agenda für Veränderungen oder Reformen</li><li>Arbeitet mit den Teilnehmern zusammen</li></ul>	<ul><li>Testet oder verifiziert Theorien oder Erklärungen</li><li>Identifiziert zu untersuchende Variablen</li><li>Bezieht die Variablen in die Fragen oder Hypothesen ein</li><li>Verwendet Normen für die Gültigkeit und Zuverlässigkeit</li><li>Beobachtet und misst Informationen numerisch</li><li>Verwendet unvoreingenommene Ansätze</li><li>Verwendet statistische Verfahren</li></ul>	<ul><li>Erhebt sowohl quantitative als auch qualitative Daten</li><li>Entwickelt eine Begründung für das Mischen</li><li>Integriert die Daten in verschiedenen Phasen der Untersuchung</li><li>Präsentiert visuelle Bilder der Vorgänge in der Studie</li><li>Setzt die Praktiken der quantitativen und qualitativen Forschung ein</li></ul>

Tabelle 2. Übersicht und Merkmale der Methoden der empirischen Forschung (eigene Darstellung nach Creswell, 2014, S.20)

Die vorliegende Arbeit verfolgt einen quantitativen Forschungsansatz, da diese eher als objektbezogen gilt und „bemüht [ist] Erklärungen und Ursache-Wirkungszusammenhänge zu identifizieren" (Röbken & Wetzel, 2016, S.12). Außerdem ist durch diesen Ansatz ein Schutz von Verzerrungen geschaffen (Creswell, 2014). Zuletzt liegen bereits genügend Kenntnisse über Social Selling vor, um die Hypothesen über die möglichen Zusammenhänge und das Kausalmodell aufstellen zu können (Röbken & Wetzel, 2016, S.13). Somit verfolgt diese Forschungsstudie das Ziel Theorien zu prüfen und zu erklären (theorieprüfend) und nicht neue Theorien zu entwickeln (theoriebildend) und die Thematik zu verstehen, welches das Ziel der qualitativen Forschung darstellt (Atteslander, 2010, S.350).

4.2 Untersuchungsdesign

Die vorliegende quantitative Arbeit verfolgt das Ziel die bereits festgehaltenen Annahmen zu überprüfen und damit einen Überblick über die innovative Vertriebsstrategie, das Social Selling, zu schaffen. Die folgenden Abschnitte sollen Einsicht in die Methodik der Untersuchung bieten, indem die Datenerhebung, der Fragebogendesign, der Pretest sowie die Datenauswertung mittels SGM präsentiert werden.

4.2.1 Quantitative Forschung

Die vorliegende Studie verfolgt, wie bereits im vorherigen Kapitel erwähnt, einen quantitativen Forschungsansatz. Um die „vorab aufgestellten Vermutungen" dementsprechend zu prüfen wird eine Online-Befragung durchgeführt (Baur & Blasius, 2019, S.126). Dazu wurde ein strukturierter elektronischer Fragebogen erstellt und bei www.soscisurvey.com Online gestellt. Es handelt sich um geschlossene Fragen bei denen die Reihenfolge vorgegeben ist (Jacob, Heinz & Décieux, 2013, S.97). Darüber hinaus sind die Fragen intervallskaliert und wurden anhand einer metrischen Sieben-Punkte-Likert-Skala (1 = stimme überhaupt nicht zu; 7 = stimme voll und ganz zu) bewertet, welche neben der Fünf-Punkt-Likert-Skala in der Sozialforschung am häufigsten angewendet wird (Jacob et al., 2013, S.164).

Der Fragebogen wurde in zwei Teile gegliedert. Der erste Teil bestand aus einer Startseite, die als Einleitung zur Befragung fungierte und Informationen zum Zweck des Fragebogens lieferte. Anschließend wurden den Teilnehmern 8 Soziodemografische Fragen gestellt. Der zweite Teil der Befragung befasste sich mit den fünf davor definierten Konstrukten. Diese wurden anhand 20 Aussagen (Items) abgefragt, welche sich wie folgt zusammenstellten: 6 Items zur Messung von ‚Social

Selling', 3 Items zur Messung von ‚Social Media Schulungen' im Unternehmen, 3 Items zur Messung von den ‚Social Media Strategien', 4 Items zur Messung des ‚adaptiven Verkaufsverhalten' und 4 Items zur Messung des ‚Unternehmenserfolgs'.

Diese Aussagen werden im folgenden Kapitel zur Operationalisierung der Konstrukte anhand wissenschaftlicher Literatur und bestehenden Forschungsstudien definiert.

4.2.2 Operationalisierung der Konstrukte

Die Operationalisierung der Konstrukte hat das Ziel die nicht direkt beobachtbaren, latenten Variablen und somit die formulierten Hypothesen messbar zu machen. Dazu müssen für jedes Konstrukt „empirische Gegengewichte, d.h. beobachtbare Indikatoren zu deren Messung auf der Beobachtungsebene gefunden werden" (Weiber & Mühlhaus, 2014, S.103). Schlussendlich kann anhand der Items (Indikatoren/Aussagen) der Fragebogen erstellt werden.

Operationalisierung des Konstrukts ‚Social Media Schulungen'

Die Social Media Schulungen im Unternehmen wurden bereits von mehreren Forschern untersucht. Insbesondere Hootsuite (2013) verdeutlicht den positiven Einfluss der Social Media Schulungen auf Social Selling. Das erste Item: „Ich habe durch mein Unternehmen eine ausreichend gute Schulung zur Verwendung der sozialen Medien erhalten", wurde aus dem White Paper von Hootsuite (2013) und genauer von der Sales Management Association (2012) abgeleitet. Hier soll die allgemeine Situation der Schulungen über die sozialen Medien in den Unternehmen abgefragt werden. Die zweite Aussage: „Ich habe durch mein Unternehmen eine Schulung in der Nutzung externer Social Media Tools erhalten", bezieht sich rein auf die Weiterbildungsmaßnahmen die sich auf die externen Social Media Instrumente berufen. Das dritte Item ‚Ich habe durch mein Unternehmen eine Schulung in der Nutzung interner Social Media Tools erhalten' stützt sich hingegen auf die Trainings für die Nutzung der unternehmensinternen Social Media Tools. Das zweite sowie das dritte Item stammen von der Forschungsstudie der Aberdeen Group (Ostrow, 2013). Tabelle 3 fasst die Operationalisierung von diesem Konstrukt mit den drei Items und der entsprechenden Quelle zusammen.

Konstrukt	Items	Quelle
Social Media Schulungen	Ich habe durch mein Unternehmen eine ausreichend gute Schulung zur Verwendung der sozialen Medien erhalten.	Hootsuite (2013)
	Ich habe durch mein Unternehmen eine Schulung in der Nutzung externer Social Media Tools erhalten.	Ostrow (2013)
	Ich habe durch mein Unternehmen eine Schulung in der Nutzung interner Social Media Tools erhalten.	Ostrow (2013)

Tabelle 3. Operationalisierung des Konstrukts ‚Social Media Schulungen' (eigene Darstellung)

Operationalisierung des Konstrukts ‚Social Media Strategien'

Die Social Media Strategien wurden ebenfalls bereits breit erforscht. Im Zusammenhang mit Social Selling wurde der Nutzen von Social Media Strategien jedoch hauptsächlich qualitativ erforscht. Laut Hootsuite (2013) ist eine Social Media Strategie mittlerweile essentiell um sich im Vertrieb mit den besten messen zu können. Die erste Aussage „Mein Unternehmen hat eine Social Media Strategie entwickelt" bezieht sich darauf, ob überhaupt eine Social Media Strategie im Unternehmen besteht. Anschließend soll das zweite Item „Die Social Media Strategie wurde an alle Mitarbeiter kommuniziert" prüfen, ob die entwickelte Strategie allen Mitarbeitern offen mitgeteilt und erklärt wurde. Zuletzt bezieht sich der dritte Indikator „Die Social Media Strategie wird von allen Mitarbeitern umgesetzt" darauf wie die entwickelte und kommunizierte Strategie von den Angestellten aufgenommen und verwirklicht wird. Die drei Items wurden aus der Feldstudie von Ancillai et al. (2019) abgeleitet. Darin wurde die Wichtigkeit einer klaren Definition und Kommunikation der Social Media Strategien innerhalb der Unternehmen geprüft. Die Items mussten jedoch selbst formuliert werden, da noch keine Aussagen zu diesem Konstrukt quantitativ formuliert und erforscht wurden. Tabelle 4 verschafft einen Überblick der soeben beschriebenen Items.

Konstrukt	Items	Quelle
Social Media Strategien	Mein Unternehmen hat eine Social Media Strategie entwickelt.	Eigene Formulierung
	Die Social Media Strategie wurde an alle Mitarbeiter kommuniziert.	Eigene Formulierung
	Die Social Media Strategie wird von allen Mitarbeitern umgesetzt.	Eigene Formulierung

Tabelle 4. Operationalisierung des Konstrukts ‚Social Media Strategien' (eigene Darstellung)

Operationalisierung des Konstrukts ‚Adaptives Verkaufsverhalten'

Das adaptive Verkaufsverhalten ist ein breit erforschtes Thema. Die Forschungsstudie von Itani et al. (2017) fand heraus, dass ein signifikanter Zusammenhang zwischen dem adaptiven Verkaufsverhalten und der Vertriebsleistung steht. Nun gilt es zu prüfen, ob sich dies auch im Zusammenhang mit den sozialen Medien widerspiegelt. Folgende Indikatoren dienen zur Messung dieses Konstrukts: „Wenn ich das Gefühl habe, dass meine Kundenansprache nicht funktioniert, kann ich leicht zu einer anderen Vorgehensweise wechseln", „Ich experimentiere gerne mit verschiedenen Verkaufsansätzen", „Ich variiere meinen Verkaufsstil von Situation zu Situation" und „Jeder Kunde benötigt einen individuellen Ansatz". Diese Items wurden der Studie von Itani et al. (2017) entnommen.

Tabelle 5 zeigt die Struktur des Fragebogens ‚Adaptives Verkaufsverhalten'.

Konstrukt	Items	Quelle
Adaptives Verkaufsverhalten	Wenn ich das Gefühl habe, dass meine Kundenansprache nicht funktioniert, kann ich leicht zu einer anderen Vorgehensweise wechseln.	Itani et al. (2017)
	Ich experimentiere gerne mit verschiedenen Verkaufsansätzen.	Itani et al. (2017)
	Ich variiere meinen Verkaufsstil von Situation zu Situation.	Itani et al. (2017)
	Jeder Kunde benötigt einen individuellen Ansatz.	Itani et al. (2017)

Tabelle 5. Operationalisierung des Konstrukts ‚Adaptives Verkaufsverhalten' (eigene Darstellung)

Operationalisierung des Konstrukts ‚Social Selling'

Die neue Vertriebsstrategie, Social Selling, breitet sich weltweit in den Unternehmen aus und so erschienen die letzten Jahre gleichermaßen vermehrte Forschungsstudien zu dieser Thematik. In Deutschland repräsentiert die Studie von Schmäh et al. (2016) den bisherigen Höhepunkt der lokalen Social Selling Forschung. Dieser Forschungsstudie wurden demgemäß die ersten drei Items entnommen. Das erste Item („Social Selling hat in meinem Unternehmen einen sehr hohen Stellenwert") beschäftigt sich mit dem Stellenwert von Social Selling in den deutschen Unternehmen. Der zweite Indikator („Social Selling wird hauptsächlich als interne Strategie genutzt") prüft inwiefern Social Selling als interne Strategie eingesetzt wird und die dritte Aussage („Social Selling wird hauptsächlich als externe Strategie genutzt") begutachtet die Anwendung von Social Selling als externe

Strategie. Um den Erfolg von Social Selling in deutschen B2B-Unternehmen messen zu können wurden drei weitere Items formuliert. Das vierte Item dieses Konstrukts, die Leadgenerierung („Durch das Social Selling generiere ich mehr Leads"), prüft ob das Social Selling den Vertriebsmitarbeitern zu mehr neuen potentiellen Kunden verhilft. Die fünfte Aussage „Durch das Social Selling schließe ich mehr Verkäufe ab" und das sechste Item „Durch das Social Selling bin ich erfolgreicher in meiner Tätigkeit" erforschen die Anzahl der abgeschlossen Verträge sowie den Erfolg in der momentanen Tätigkeit.

Diese Informationen wurden in Tabelle 6 zusammengefasst.

Konstrukt	Items	Quelle
Social Selling	Social Selling hat in meinem Unternehmen einen sehr hohen Stellenwert.	Schmäh et al. (2016)
	Social Selling wird hauptsächlich als interne Strategie genutzt.	Schmäh et al. (2016)
	Social Selling wird hauptsächlich als externe Strategie genutzt.	Schmäh et al. (2016)
	Durch das Social Selling generiere ich mehr Leads.	Eigene Formulierung
	Durch das Social Selling schließe ich mehr Verkäufe ab.	Eigene Formulierung
	Durch das Social Selling bin ich erfolgreicher in meiner Tätigkeit.	Eigene Formulierung

Tabelle 6. Operationalisierung des Konstrukts ‚Social Selling' (eigene Darstellung)

Operationalisierung des Konstrukts ‚Unternehmenserfolg'

Der Unternehmenserfolg wird anhand des Umsatzwachstums, des Marktanteils, der Rentabilität und der Kundenzufriedenheit sowie Kundenbindung gemessen. Diese Items wurden aus der Forschungsstudie von Troilo et al. (2009) übernommen. Für die Befragung des Unternehmenserfolgs wurden die Teilnehmer nach der situativen Einschätzung der Erfolgsgrößen gefragt, da die effektiven Zahlen dem Großteil der Befragten nicht zugänglich sind. Dabei galt es die Leistung des Unternehmens in den letzten zwei Jahren mit dem nächsten Wettbewerber zu vergleichen.

Tabelle 7 schafft einen Überblick über die Operationalisierung des Konstrukts.

Konstrukt	Items	Quelle
Unternehmenserfolg	Umsatzwachstum	Troilo et al. (2009)
	Marktanteil	Troilo et al. (2009)
	Rentabilität	Troilo et al. (2009)
	Kundenzufriedenheit und Kundenbindung	Troilo et al. (2009)

Tabelle 7. Operationalisierung des Konstrukts 'Unternehmenserfolg' (eigene Darstellung)

4.2.3 Pretest

Der Pretest einer Forschungsstudie erprobt den erstellten Fragebogen indem eine „relativ kleine Zahl von Probe-Interviews mit (nicht unbedingt repräsentativ) ausgewählten Angehörigen der Zielgruppe mit dem entworfenen Fragebogen" (Kuß, Wildner & Kreis, 2014, S.120) in Situationen, die möglichst Untersuchungsgetreu sind, durchgeführt wird. Dabei gilt es Unklarheiten, Fehler und Missverständnisse aufzuklären, die Dauer der Befragung festzulegen und festzustellen, ob die Antworten genügend Varianz haben und nicht von allen Testpersonen identisch beantwortet werden (Kuß et al., 2014, S.119). Die Empfehlung zur Fragebogenentwicklung sieht vier Pretests vor (Kuß et al., 2014, S.121), bei der vorliegenden Arbeit wurden jedoch nur zwei Pretests durchgeführt, da es sich um eine kleinere Befragung handelt. An dem ersten Pretest haben sieben Leute teilgenommen, die aus dem persönlichen Netzwerk stammen. Daraufhin wurden 6 Items umformuliert und angepasst, weil sie nicht die gewünschte Aussagekraft hatten. Nach der ersten Überarbeitung wurden weitere fünf Personen befragt, woraufhin keine Änderungen mehr vorzunehmen waren. Insgesamt haben somit 12 Personen am Pretest teilgenommen, dabei handelte es sich um zwei Geschäftsführer, sechs Vertriebsmitarbeiter, zwei Mitarbeiter im Business Development und zwei Personen, die im After-Sales tätig sind. Der Pretest zeigte schlussendlich auf, dass alle Befragten den Fragebogen in 3-4 Minuten durchgeführt haben.

4.2.4 Auswertung mittels statistischen Verfahren

Um die Hypothesen dieser Forschungsstudie empirisch zu prüfen, werden die Daten mittels der Strukturgleichungsmodellierung analysiert. „Strukturgleichungsmodelle (SGM) bilden a-priori formulierte und theoretisch und/oder sachlogisch begründete komplexe Zusammenhänge zwischen Variablen in einem linearen

Gleichungssystem ab und dienen der Schätzung der Wirkungskoeffizienten zwischen den betrachteten Variablen sowie der Abschätzung von Messfehlern" (Weiber & Mühlhaus, 2014, S.6). Die wichtigsten Gründe für die Verwendung von SGM sind die Messfehlerkontrolle und die Eignung „um komplexe Zusammenhänge zu modellieren und zu überprüfen" (Schenk, 2018, S.179).

Zunächst werden dafür die theoretisch vermuteten Zusammenhänge zwischen den Konstrukten abgebildet. Da die Konstrukte latente Variablen sind (d.h. nicht direkt beobachtbar) werden diese indirekt über Items (manifeste Variablen) gemessen. Die Variablen werden in endogene und exogene Konstrukte unterteilt (Arzheimer, 2016, S.47). In der vorliegenden Arbeit stellen die Erfolgsfaktoren die exogenen Variablen (Einflussvariablen) dar und der Unternehmenserfolg ist die endogene Variable (Zielvariable). Die intervenierende Variable ist in diesem Fall das Konstrukt ‚Social Selling', welches sowohl als endogene- als auch als exogene Variable agiert. Für jedes exogene Konstrukt wird anschließend eine Hypothese formuliert wobei die endogenen Konstrukte durch die im Modell unterstellten kausalen Beziehungen erklärt werden (Weiber & Mühlhaus, 2014, S.10f.). Da „die Veränderung in der Ausprägung der latenten Variable eine Veränderung in der Ausprägung der Messvariablen" hervorruft und die Kausalitäts-Richtung vom Konstrukt zu den manifesten Variablen verläuft handelt es sich bei dem vorliegenden Forschungsprojekt um ein reflektives Messmodell (Weiber & Mühlhaus, 2014, S.41ff.). Infolgedessen wird das Kausalmodell graphisch durch ein Pfaddiagramm in ein lineares Gleichungsmodell überführt, um das „theoretisch und/oder sachlogisch aufgestellte Hypothesensystem" zu visualisieren (Weiber & Mühlhaus, 2014, S.45). Dieses Kausalmodell wird zuletzt, in diesem Fall, durch einen varianzanalytischen Ansatz überprüft. Um die Analyse der Varianz zu realisieren wird in diesem Forschungsprojekt ein ‚Partial Least Squares' (PLS) Ansatz benutzt, welcher anhand des Statistikprogramms Smart PLS durchgeführt wird (Weiber & Mühlhaus, 2014, S.67).

Dazu wird zuerst das Pfadmodell mit den Konstrukten und den Indikatoren in Smart PLS nachgestellt, nachdem die Daten der Befragung importiert wurden. Nachfolgend werden die Reliabilität und die Validität der Indikatoren (äußeres Messmodell) sowie die kausalen Wirkungszusammenhänge der Konstrukte (inneres Messmodell) überprüft.

Das Gütekriterium ‚Reliabilität' „bezeichnet das Ausmaß, mit dem wiederholte Messungen eines Sachverhaltes mit einem Messinstrument auch die gleichen Ergebnisse liefern" (Weiber & Mühlhaus, 2014, S.135). Die Reliabilität der in den äußeren Messmodellen verwendeten Indikatoren und Konstrukten kann in Smart

PLS anhand des ‚Cronbachs Alpha' (α), der ‚Indikatorreliabilität' (IR) und der ‚Konstruktreliabilität' (CR) berechnet werden. In Tabelle 8 sind diese Kriterien mit den entsprechenden Schwellenwerten ausgelistet.

Überprüfung der Reliabilität der äußeren Messmodelle	Schwellenwert	Quelle
Cronbachs Alpha (α)	α ≥ 0,6 (mind. 3 Indikatoren) α ≥ 0,7 (mind. 4 Indikatoren)	Weiber & Mühlhaus (2014)
Indikatorreliabilität (IR)	IR ≥ 0,4 (>0,7)	Weiber & Mühlhaus (2014)
Konstruktreliabilität (CR)	CR ≥ 0,6	Weiber & Mühlhaus (2014)

Tabelle 8. Überprüfung der Reliabilität der äußeren Messmodelle (eigene Darstellung)

Die Validität „bezeichnet das Ausmaß, mit dem das Messinstrument auch das misst, was es messen sollte" (Weiber & Mühlhaus, 2014, S.156). Dieses Gütekriterium der Indikatoren und Konstrukte der äußeren Messmodelle wird mittels der ‚Konvergenzvalidität' (T-Wert), der ‚durchschnittlich erfassten Varianz' (AVE) und der ‚Diskriminanzvalidität' (Forness-Lacker-Kriterium) gemessen. Tabelle 9 dokumentiert die Messung der Validität der äußeren Messmodelle anhand der Schwellenwerte der Kriterien.

Überprüfung der Validität der äußeren Messmodelle	Schwellenwert	Quelle
Konvergenzvalidität (T-Wert der Faktorladung)	T-Wert ≥ 1,96 (Signifikanzlevel 5%)	Anderson & Gerbig (1988)
Durchschnittlich erfasste Varianz (AVE)	AVE ≥ 0,5	Fornell & Larcker (1981)
Diskriminanzvalidität (Fornell-Larcker-Kriterium)	< $\sqrt{AVE}$	Fornell & Larcker (1981)

Tabelle 9. Überprüfung der Validität der äußeren Messmodelle (eigene Darstellung)

Das Strukturmodell (innere Messmodell) stellt die Wirkungszusammenhänge zwischen den hypothetischen Konstrukten dar. Die Prüfung der Hypothesen kann mithilfe verschiedener Kriterien wie dem ‚Pfadkoeffizienten' (PC, Ladung), der ‚Erklärten Varianz' (R2, Bestimmungsmaß), der ‚Multikollinearität' (VIF) oder dem ‚p-Wert' (Signifikanz) gemessen werden. Diese Kriterien und ihre Schwellenwerte wurden in Tabelle 10 zusammengefasst.

Prüfung der Kausaleffekte des inneren Messmodells	Schwellenwert	Quelle
Pfadkoeffizient (PC)	$PC \geq 0,1$	Chin (1998) Weiber & Mühlhaus (2014)
Erklärte Varianz (Bestimmtheitsmaß R^2)	$R^2 = 0,19$ (schwach) $R^2 = 0,33$ (mittel) $R^2 = 0,66$ (stark)	Chin (1998) Weiber & Mühlhaus (2014)
Multikollinearität (VIF)	$VIF < 10$	Huber (2007)
p-Wert	$p < 0,1$ (signifikant) $p \geq 0,1$ (nicht signifikant)	Chin (1998)

Tabelle 10. Prüfung der Kausaleffekte des inneren Messmodells (eigene Darstellung)

5 Durchführung der empirischen Untersuchung

Die im vorherigen Kapitel erläuterte Methodik wird im folgenden Teil der Arbeit umgesetzt. Der erste Teil der empirischen Untersuchung war der Pretest, die Pilotphase, in der der Fragebogen getestet wurde. Daraufhin folgte die Online-Umfrage, um die Daten für die Hypothesenprüfung mittels Strukturgleichungsmodellierung zu erheben. Dieses Kapitel präsentiert zuerst die Zielgruppe, den Untersuchungszeitraum und die Stichprobe der Datenerhebung. Anschließend werden die erhobenen Daten mittels SGM und Smart PLS ausgewertet, woraufhin die Ergebnisse der Forschungsstudie interpretiert werden.

5.1 Beschreibung der Untersuchung

Der Online-Fragebogen ist an Vertriebsmitarbeiter sowie Geschäftsführer von B2B-Unternehmen in Deutschland gerichtet. Um diese Zielgruppe zu erreichen wurden die sozialen Netzwerke aber auch persönliche Kontakte hinzugezogen. Im ersten Schritt konnte die genannte Zielgruppe mittels dem LinkedIn Sales Navigator ausfindig gemacht werden. Dabei war der Fokus auf Unternehmen mit mindestens 1000 Mitarbeitern gelegt. Auf diesem Weg wurden 255 Vertriebsmitarbeiter sowie Geschäftsführer über LinkedIn personalisiert angeschrieben. Daneben wurden 51 Personen, die dieser Zielgruppe entsprechen, auf Xing kontaktiert. Des Weiteren wurde ein Beitrag mit dem Online-Fragebogen in zwei „Social Selling" Gruppen auf Xing veröffentlicht. Zuletzt wurden persönliche Kontakte mit einem starken Vertriebsnetzwerk gebeten, die Umfrage mit Ihrem beruflichen Netzwerk zu teilen. Nach der Teilnahme an der Befragung hatten die Probanden die Möglichkeit ihr Interesse an den Ergebnissen der Studie mitzuteilen. Die Auswertung der Daten erhalten die Interessenten nach Abschluss der vorliegenden Arbeit. Die Datenerhebung der Forschungsstudie wurde im Zeitraum vom 28. Mai 2019 bis 1. Juli 2019 durchgeführt.

Insgesamt haben 74 Personen an der Befragung teilgenommen. Davon waren 14 Probanden (19%) weiblich und 60 (81%) männlich. Darüber hinaus waren alle Altersgruppen von 22 bis 57 Jahren vertreten, wobei der altersdurchschnitt bei 36 Jahren lag. 64 Teilnehmer (86%) waren im Vertrieb tätig, weitere 9 (12%) hatten eine Beschäftigung in der Geschäftsführung und einer hatte eine Tätigkeit im Marketing. 46% der Probanden waren in Unternehmen mit über 1000 Mitarbeitern beschäftigt wohingegen die restlichen 54% in Unternehmen mit weniger als 1000 Mitarbeitern werkstätig waren.

5.2 Auswertung der Untersuchung mittels Smart PLS

Dieser Teil der Arbeit hat das Ziel die angenommenen Korrelationen zwischen den endogenen und exogenen Variablen empirisch zu prüfen. Im ersten Schritt werden die Reliabilität und die Validität des äußeren Modells gemessen. Daraufhin werden die endogenen und exogenen Variablen untersucht um das Strukturmodell (innere Modell) und die Hypothesen zu überprüfen.

Die folgenden Abbildungen sind „Screenshots" von der Auswertung der Daten in Smart PLS. Auf Abbildung 9 sind die Ergebnisse zu R2, den Pfadkoeffizienten und den Indikator-Reliabilität zu erkennen.

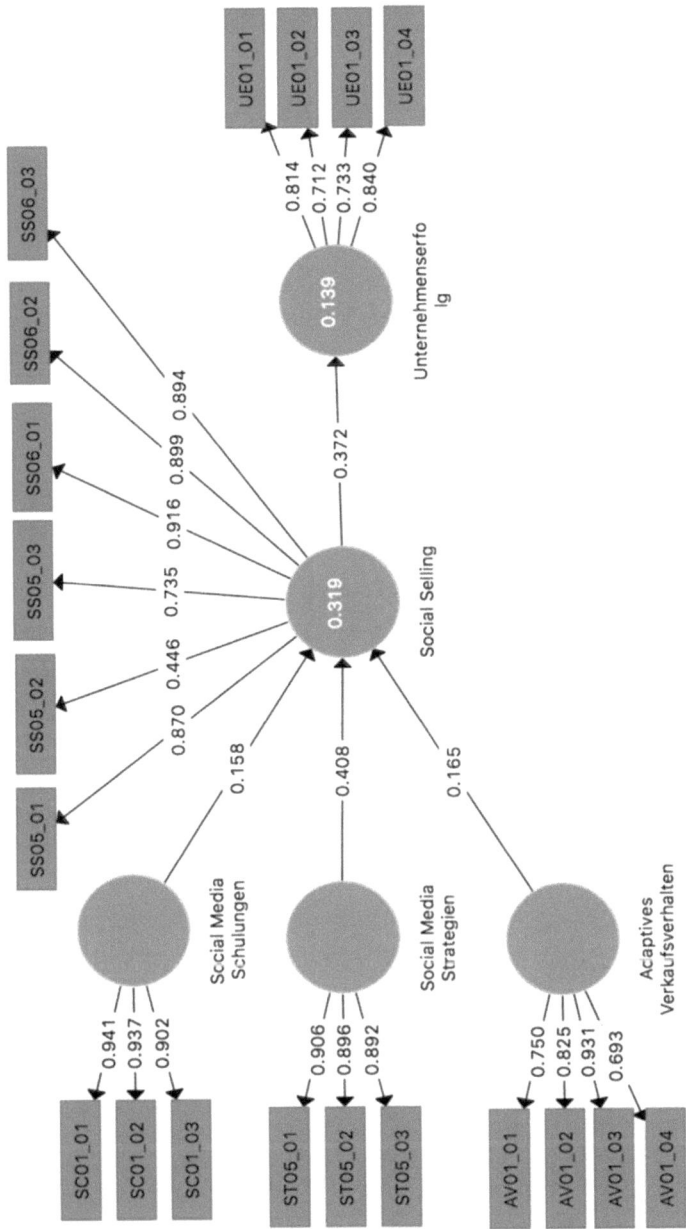

Abbildung 9. Ergebnisse zu R^2, Pfadkoeffizient und Indikator-Reliabilität (Screenshot aus Smart-PLS)

Abbildung 10 dokumentiert die Ergebnisse der P-Value und dem T-Wert der Faktorenladung der endogenen und exogenen Variablen.

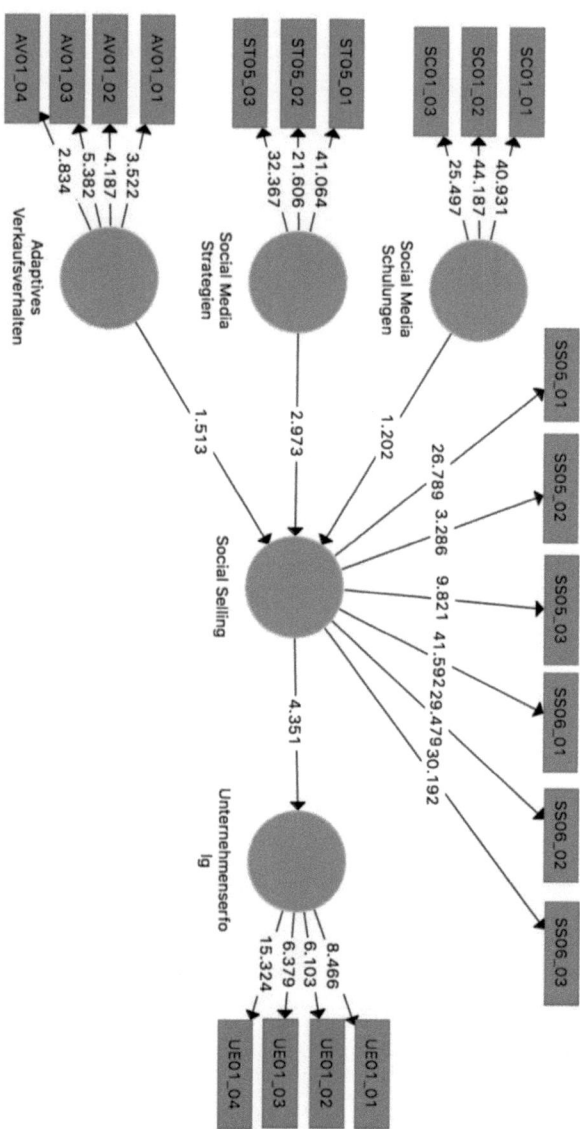

Abbildung 10. Ergebnisse zu P-Value und T-Wert der Faktorenladung (Screenshot aus Smart-PLS)

Das erste Konstrukt ‚Social Media Schulungen' beruht auf drei Indikatoren. Die Indikatorreliabilität (0,90-0,94) und die T-Werte (17,37-35,60) der Items liegen über den jeweiligen Schwellenwerten. Daneben wurde die Reliabilität und Validität des Konstrukts durch das Cronbachs Alpha (0,92), die Konstruktreliabilität (0,95) und die durchschnittlich erfasste Varianz (0,86) geprüft. Diese Werte liegen ebenfalls alle über den entsprechenden Schwellenwerten. Die Prüfung der Kausaleffekte des inneren Messmodells wurde mithilfe des P-Wertes (0,230) und der Multikollinearität (1,54) durchgeführt. Diese Werte zweigen, dass das Konstrukt nicht signifikant ist aber eine Abwesenheit von Kollinearität besteht. Somit ist das Konstrukt ‚Social Media Schulungen' valide und reliabel, aber nicht signifikant.

Tabelle 11 fasst alle Ergebnisse und die Schwellenwerte zusammen.

	Social Media Schulungen		
	Prüfung der Reliabilität und der Validität des äußeren Messmodells (Indikator)		
Indikatoren (Items)	Mittelwert	Indikator-Reliabilität ($IR \geq 0{,}7$)	T-Wert der Faktorenladung (T-Wert $\geq 1{,}96$)
1 Ich habe durch mein Unternehmen eine ausreichend gute Schulung zur Verwendung der sozialen Medien erhalten.	3,16	0,94 ✓	35,49 ✓
2 Ich habe durch mein Unternehmen eine Schulung in der Nutzung externer Social Media Tools erhalten.	2,93	0,94 ✓	35,60 ✓
3 Ich habe durch mein Unternehmen eine Schulung in der Nutzung interner Social Media Tools erhalten.	2,96	0,90 ✓	17,37 ✓
	Prüfung der Reliabilität und der Validität des inneren Messmodells (Konstrukt)		
Cronbachs Alpha (α)		0,92 ✓	α $\geq 0{,}6$
Konstruktreliabilität (CR)		0,95 ✓	CR $\geq 0{,}6$
Durchschnittlich erfasste Varianz (AVE)		0,86 ✓	AVE $\geq 0{,}5$
	Prüfung der Kausaleffekte des inneren Messmodells		
P-Wert		0,23 X	P < 0,1
Multikollinearität (VIF)		1,54 ✓	VIF < 10

Tabelle 11. Prüfung der Messkriterien für das Konstrukt ‚Social Media Schulungen' (eigene Darstellung)

Das zweite Konstrukt ‚Social Media Strategien' wird ebenfalls durch drei Items erfasst. Die Untersuchung der Indikatoren durch die Indikatorreliabilität (0,89-0,90) und die T-Werte (21,61-41,06) zeigt ein gültiges Ergebnis. Auch die Reliabilität und Validität des inneren Messmodells konnte durch den Cronbachs Alpha (0,88), die Konstruktreliabilität (0,93) und die durchschnittlich erfasst Varianz (0,81) bestätigt werden. Schlussendlich bestätigt der P-Wert (0,003) die Signifikanz des

Konstrukts und die Multikollinearität (1,57) zeigt die Abwesenheit von Kollinearität. Die Werte zeigen, dass dieses Konstrukt als zuverlässig und gültig gilt.
In Tabelle 12 sind alle beschriebenen Daten dokumentiert.

Social Media Strategien			
Prüfung der Reliabilität und der Validität des äußeren Messmodells (Indikator)			
Indikatoren (Items)	Mittelwert	Indikator-Reliabilität (IR ≥ 0,7)	T-Wert der Faktorenladung (T-Wert ≥ 1,96)
1 Mein Unternehmen hat eine Social Media Strategie entwickelt.	4,20	0,90 ✓	41,06 ✓
2 Die Social Media Strategie wurde an alle Mitarbeiter kommuniziert.	3,45	0,90 ✓	21,61 ✓
3 Die Social Media Strategie wird von allen Mitarbeitern umgesetzt.	3,08	0,89 ✓	32,37 ✓
Prüfung der Reliabilität und der Validität des inneren Messmodells (Konstrukt)			
Cronbachs Alpha (α)		0,88 ✓	α ≥ 0,6
Konstruktreliabilität (CR)		0,93 ✓	CR ≥ 0,6
Durchschnittlich erfasste Varianz (AVE)		0,81 ✓	AVE ≥ 0,5
Prüfung der Kausaleffekte des inneren Messmodells			
P-Wert		0,003 ✓	P < 0,1
Multikollinearität (VIF)		1,57 ✓	VIF < 10

Tabelle 12. Prüfung der Messkriterien für das Konstrukt ‚Social Media Strategien' (eigene Darstellung)

Das dritte Konstrukt ‚Adaptive Verkaufsverhalten' wurde anhand vier Items geprüft. Die Prüfung des äußeren Messmodells mithilfe der Indikatorreliabilität (0,69-0,93) und des T-Wertes der Faktorenladung (2,83-5,38) zeigt größtenteils ein gültiges Ergebnis. Nur die Indikatorreliabilität des letzten Items liegt knapp unter dem Schwellenwert. Die Reliabilität und Validität des Konstrukts konnte anhand des Cronbachs Alpha (0,82), der Konstruktreliabilität (0,88) und der durchschnittlich erfassten Varianz (0,65) bestätigt werden. Der Wert für die Multikollinearität (1,02) zeigt die Abwesenheit von Kollinearität und der P-Wert (0,131) weist auf die fehlende Signifikanz dieses Konstruktes auf die Zielvariable hin.

Alle Daten des Konstrukts ‚Adaptives Verkaufsverhalten' sind in Tabelle 13 abgebildet.

Adaptives Verkaufsverhalten			
Prüfung der Reliabilität und der Validität des äußeren Messmodells (Indikator)			
Indikatoren (Items)	Mittelwert	Indikator-Reliabilität (IR ≥ 0,7)	T-Wert der Faktorenladung (T-Wert ≥ 1,96)
1 Wenn ich das Gefühl habe, dass meine Kundenansprache nicht funktioniert, kann ich leicht zu einer anderen Vorgehensweise wechseln.	5,19	0,75 ✓	3,52 ✓
2 Ich experimentiere gerne mit verschiedenen Verkaufsansätzen.	5,28	0,83 ✓	4,19 ✓
3 Ich variiere meinen Verkaufsstil von Situation zu Situation.	5,57	0,93 ✓	5,38 ✓
4 Jeder Kunde benötigt einen individuellen Ansatz	5,65	0,69 ✗	2,83 ✓
Prüfung der Reliabilität und der Validität des inneren Messmodells (Konstrukt)			
Cronbachs Alpha (α)		0,82 ✓	α ≥ 0,7
Konstruktreliabilität (CR)		0,88 ✓	CR ≥ 0,6
Durchschnittlich erfasste Varianz (AVE)		0,65 ✓	AVE ≥ 0,5
Prüfung der Kausaleffekte des inneren Messmodells			
P-Wert		0,13 ✗	P < 0,1
Multikollinearität (VIF)		1,02 ✓	VIF < 10

Tabelle 13. Prüfung der Messkriterien für das Konstrukt ‚Adaptives Verkaufsverhalten' (eigene Darstellung)

Die intervenierende Variable ‚Social Selling' wird durch sechs Items operationalisiert. Die Untersuchung der Indikatoren durch die Indikatorreliabilität (0,45-0,92) und der T-Werte (3,29-41,59) zeigten meist ein gültiges Ergebnis. Das zweite Item liegt mit einem Wert der Indikatorreliabilität von 0,45 unter dem Schwellenwert wodurch dieses als nicht reliabel gilt. Die Prüfung der Validität und Reliabilität des inneren Messmodells konnte durch das Cronbachs Alpha (0,88), die Konstruktreliabilität (0,92) und die durchschnittlich erfasste Varianz (0,66) bestätigt werden. Zuletzt konnte der P-Wert (0,000) die Signifikanz des Konstrukts bestätigen und der Wert der Multikollinearität (1,00) die Abwesenheit von Kollinearität zeigen. Ergebnisse der Prüfung dieses Konstrukts sind in Tabelle 14 abgebildet.

Durchführung der empirischen Untersuchung

Social Selling			
Prüfung der Reliabilität und der Validität des äußeren Messmodells (Indikator)			
Indikatoren (Items)	Mittelwert	Indikator-Reliabilität (IR ≥ 0,7)	T-Wert der Faktorenladung (T-Wert ≥ 1,96)
1	Social Selling hat in meinem Unternehmen einen sehr hohen Stellenwert.	4,58	0,87 ✓	26,79 ✓
2	Social Selling wird hauptsächlich als interne Strategie genutzt.	3,05	0,45 X	3,29 ✓
3	Social Selling wird hauptsächlich als externe Strategie genutzt.	4,45	0,74 ✓	9,82 ✓
4	Durch das Social Selling generiere ich mehr Leads.	4,58	0,92 ✓	41,59 ✓
5	Durch das Social Selling schließe ich mehr Verkäufe ab.	4,05	0,90 ✓	29,48 ✓
6	Durch das Social Selling bin ich erfolgreicher in meiner Tätigkeit.	4,43	0,89 ✓	30,19 ✓
Prüfung der Reliabilität und der Validität des inneren Messmodells (Konstrukt)			
Cronbachs Alpha (α)	0,88 ✓		α ≥ 0,7
Konstruktreliabilität (CR)	0,92 ✓		CR ≥ 0,6
Durchschnittlich erfasste Varianz (AVE)	0,66 ✓		AVE ≥ 0,5
Prüfung der Kausaleffekte des inneren Messmodells			
P-Wert	0,00 ✓		P < 0,1
Multikollinearität (VIF)	1,00 ✓		VIF < 10

Tabelle 14. Prüfung der Messkriterien für das Konstrukt ‚Social Selling' (eigene Darstellung)

Die Zielvariable ‚Unternehmenserfolg' wurde durch vier Indikatoren erfasst. Die Prüfung der Reliabilität und Validität der Items mithilfe der Indikatorreliabilität (0,71-0,84) und des T-Wertes (6,10-15,32) zeigt ein gültiges Ergebnis. Die anschließende Prüfung des Konstrukts erfolgte durch den Cronbachs Alpha (0,78), die Konstruktreliabilität (0,86) und die durchschnittlich erfasste Varianz (0,60). Alle Werte liegen über den Schwellenwerte, sodass dieses Konstrukt also gültig und zuverlässig gilt.

Tabelle 15 dokumentiert alle erfassten Werte der Zielvariable ‚Unternehmenserfolg' sowie die dazugehörigen Schwellenwerte.

Unternehmenserfolg			
Prüfung der Reliabilität und der Validität des äußeren Messmodells (Indikator)			
Indikatoren (Items)	Mittelwert	Indikator-Reliabilität (IR $\geq$ 0,7)	T-Wert der Faktorenladung (T-Wert $\geq$ 1,96)
1 Umsatzwachstum	5,14	0,81 ✓	8,47 ✓
2 Marktanteil	4,74	0,71 ✓	6,10 ✓
3 Rentabilität	4,60	0,73 ✓	6,38 ✓
4 Kundenzufriedenheit und Kundenbindung	5,20	0,84 ✓	15,32 ✓
Prüfung der Reliabilität und der Validität des inneren Messmodells (Konstrukt)			
Cronbachs Alpha (α)	0,78 ✓		$\alpha \geq 0,7$
Konstruktreliabilität (CR)	0,86 ✓		CR $\geq$ 0,6
Durchschnittlich erfasste Varianz (AVE)	0,60 ✓		AVE $\geq$ 0,5

Tabelle 15. Prüfung der Messkriterien für das Konstrukt ‚Unternehmenserfolg' (eigene Darstellung)

Um die Auswertung zusammenzufassen, wird im Folgenden die Diskriminanzvalidität der Konstrukte präsentiert, welche die Untersuchung der Gültigkeit der endogenen und exogenen Variablen abschließt (siehe Tabelle 16). Die Prüfung erfolgt mithilfe des Fornell-Larcker-Kriterium (Fornell & Larcker, 1982). Dadurch wird gezeigt, ob die Quadratwurzel der durchschnittlich erfassten Varianzen von jedem latenten Konstrukts (fett gedruckte Werte) größer ist, als die Korrelation innerhalb des Konstrukts (nicht fett gedruckte Werte). Dies ist in der vorliegenden Forschungsstudie gegeben, wodurch auch die letzte Prüfung ein positives Ergebnis liefert und die Studie gültig ist.

Diskriminanzvalidität der Konstrukte						
	Konstrukte	K1	K2	K3	K4	K5
K1	Adaptives Verkaufsverhalten	**0,81**				
K2	Social Selling Schulungen	0,08	**0,93**			
K3	Social Selling Strategien	0,14	0,59	**0,90**		
K4	Social Selling	0,24	0,41	0,53	**0,81**	
K5	Unternehmenserfolg	0,44	0,38	0,52	0,37	**0,78**

Tabelle 16. Diskriminanzvalidität der Konstrukte (eigene Darstellung)

Nachdem die Indikatoren und die Konstrukte untersucht wurden, werden im letzten Schritt die Hypothesen geprüft. Die Ergebnisse der Regressionsanalyse der Strukturgleichungsmodellierung wurden in Abbildung 11 und Tabelle 17 zusammengefasst.

Der Pfadkoeffizient und die erklärte Varianz (R2) geben die Ladung der exogenen auf die endogene Variable an. Das Bestimmungsmaß R2 erklärt die Varianz der Zielvariablen. Laut den Messkriterien konnte die Zielvariable ‚Social Selling' (R2=0,32) ein positives Ergebnis erzielen und auch für die Zielvariable ‚Unternehmenserfolg' (R2=0,32) konnte ein schwaches positives Ergebnis nachgewiesen werden.

Der Pfadkoeffizient zeigt ab dem Wert von 0,1 einen signifikanten Einfluss der unabhängigen auf die abhängige Variable. Laut der Prüfung des Pfadkoeffizienten konnte für alle Hypothesen einen positiven Wirkungszusammenhang festgestellt werden.

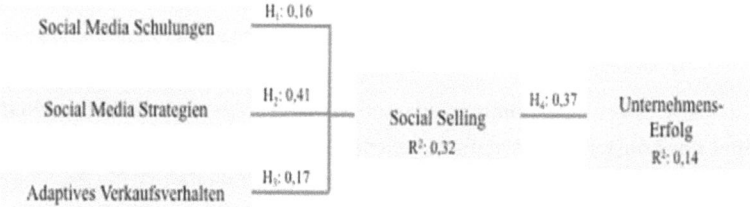

Abbildung 11. Überprüfung der Hypothesen (eigene Darstellung)

Die erste Hypothese behauptet, dass Social Media Schulungen in Unternehmen einen positiven Einfluss auf den Erfolg von Social Selling haben. Dies kann durch die vorliegende Studie nicht bestätigt werden, da der P-Wert (0,230) keinen signifikanten Einfluss aufweist. Dennoch zeigt der Pfadkoeffizient (0,16), dass die Social Media Schulungen einen positiven Wirkungszusammenhang mit dem Erfolg von Social Selling haben.

Die zweite Hypothese besagt, dass die aktive Anwendung von Social Media Strategien einen positiven Einfluss auf den Erfolg von Social Selling haben. Diese Aussage kann durch diese Forschungsstudie bestätigt werden, da der P-Wert (0,003) und der Pfadkoeffizient (0,41) einen positiven signifikanten Einfluss aufweisen.

Die dritte Hypothese behauptet, dass das adaptive Verkaufsverhalten der Vertriebsmitarbeiter einen positiven Einfluss auf den Social Selling Erfolg haben. Da der P-Wert für diese Hypothese bei 0,131 liegt kann die Aussage nicht bestätigt werden. Obwohl der Pfadkoeffizient (0,17) zeigt, dass das adaptive Verkaufsverhalten der Mitarbeiter einen positiven Einfluss auf den Social Selling Erfolg hat.

Die vierte Hypothese besagt, dass der Social Selling Erfolg einen positiven Einfluss auf den Unternehmenserfolg hat. Dies kann durch diese Studie bestätigt werden, da der P-Wert (0,000) und der Pfadkoeffizient (0,37) einen signifikanten positiven Einfluss aufweisen.

Die Ergebnisse der Hypothesenprüfung wurden nochmal in Tabelle 17 zusammengefasst.

Hypothesen		Ergebnisse		Bewertung
		P-Wert (< 0,1)	Ladung (≥ 0,1)	
H1	Die Social Media Schulungen haben einen positiven Einfluss auf den Erfolg von Social Selling.	0,230	0,158	Nicht Unterstützt
H2	Der Einsatz von Social Media Strategien hat einen positiven Einfluss auf den Erfolg von Social Selling.	0,003	0,408	Unterstützt
H3	Das adaptive Verkaufsverhalten der Mitarbeiter im Vertrieb hat einen positiven Einfluss auf den Erfolg von Social Selling.	0,131	0,165	Nicht Unterstützt
H4	Der Erfolg von Social Selling hat einen positiven Einfluss auf den Unternehmenserfolg.	0,000	0,372	Unterstützt

Tabelle 17. Zusammenfassende Ergebnisse der Hypothesenprüfung (eigene Darstellung)

5.3 Erkenntnisgewinnung

Nach der detaillierten Präsentation der Ergebnisse der durchgeführten Befragung werden in diesem Kapitel die Erkenntnisse daraus gezogen.

Die erste Hypothese konnte durch die vorliegende Studie widerlegt werden. Somit konnte nicht bestätigt werden, dass Social Media Schulungen einen Zusammenhang mit dem Erfolg von Social Selling haben. Der Zusammenhang zwischen den Schulungen und dem Social Selling ist laut dem P-Wert nicht signifikant. Jedoch besagt die Ladung, dass ein positiver Wirkungszusammenhang zwischen den beiden Konstrukten besteht. Dadurch kann man behaupten, dass die Social Media Schulungen zwar einen positiven Einfluss auf den Erfolg von Social Selling haben und das Ergebnis nicht negativ beeinflusst, jedoch ist der Zusammenhang nicht signifikant genug um die Schulungen als Erfolgsfaktor des Social Sellings zu definieren.

Die zweite Hypothese, die besagt, dass der Einsatz von Social Media Strategien einen positiven Einfluss auf den Erfolg von Social Selling hat, konnte durch diese Forschungsstudie verifiziert werden. Der Einsatz von Strategien für die sozialen

Medien gilt somit als Erfolgsfaktor von Social Selling. Die Ergebnisse verdeutlichen wie wichtig es ist eine entsprechende Strategie zu entwickeln, zu kommunizieren und auch anzuwenden, damit man das Social Selling erfolgreich anwenden und seine Ziele damit erreichen kann.

Die dritte Hypothese wurde durch die vorliegende Studie falsifiziert. Durch den P-Wert konnte herausgefunden werden, dass es keinen signifikanten Zusammenhang zwischen dem adaptiven Verkaufsverhalten und dem Erfolg von Social Selling gibt. Dennoch konnte auch hier ein positiver Wirkungszusammenhang zwischen den beiden Konstrukten festgestellt werden. Dementsprechend gilt das adaptive Verkaufsverhalten der Mitarbeiter nicht als Erfolgsfaktor des Social Sellings. Nichtsdestotrotz beeinflusst das adaptive Verkaufsverhalten das Social Selling in einem positiven Sinne.

Die vierte und letzte Hypothese konnte durch diese Forschungsstudie unterstützt werden. Dies beweist, dass das Social Selling einen positiven Einfluss auf den Unternehmenserfolg hat. Die beiden Konstrukte stehen in einem signifikanten Zusammenhang zueinander und auch der positive Wirkungszusammenhang konnte nachgewiesen werden. Demgemäß ist die richtige Anwendung von Social Selling ein Mehrwert für das Unternehmen.

Schlussendlich konnte der Stellenwert von Social Selling in den Unternehmen in der B2B-Industrie in Deutschland erfasst werden. Unter den Befragten haben 19% angegeben, dass das Social Selling keinen hohen Stellenwert hat, 43% der Probanden behaupteten dass die neue Vertriebsstrategie einen neutralen Stellenwert hat und 38% der Teilnehmer gaben an, dass das Social Selling einen hohen Stellenwert im Unternehmen hat. Dies ist eine große Entwicklung seit der Studie von Schmäh et al. (2016, S.20), wo die Werte noch bei 55% (keine Rolle), 31% (untergeordnete Rolle) und 14% (große Rolle) lagen.

6 Fazit und Ausblick

Social Selling konnte als „die Identifizierung, Ausrichtung und Ansprache potenzieller und bestehender Kunden über Social Media-Kanäle und Social Communities, um sie in Gespräche einzubinden, die zu einer potenziell gegenseitig vorteilhaften Beziehung führen" (Belew, 2014, S.6) definiert werden. Durch die vorliegende Arbeit konnte dagegen auch herausgefiltert werden was Social Selling nicht ist. Social Selling ist nicht der Kauf einer Liste von Leads und Kaltakquise von allen auf dieser Liste. Es ist auch kein störender Prozess, bei dem lediglich eine Reihe von Marketingbotschaften, Lead-Generation-Angeboten, Coupons und Rabatten ausspuckt werden (Belew, 2014, S.6). Es wird festgehalten, dass Social Selling eine Erweiterung der traditionellen Vertriebsstrategien ist und diese nicht ersetzt. Der Vertrieb steuert nicht mehr nur den Direktvertrieb an sondern wird ‚sozialer', wodurch die Mitarbeiter vermehrt das Ziel verfolgen den potentiellen sowie bestehenden Kunden zuzuhören und mit ihnen über ihre Probleme und Wünsche zu kommunizieren um eine Relation aufzubauen um dadurch Vertrauen sowie Wertschöpfung aufzubauen. Um die Vertriebsstrategie schlussendlich professionell umzusetzen werden starke Gedanken, Planungen sowie die richtigen Werkzeuge benötigt. Darüber hinaus gewinnt das Zusammenspiel von Marketing und Vertrieb durch die innovative Methode an Wichtigkeit, dennoch gilt es die beiden Tätigkeiten und deren Ziele voneinander zu unterscheiden.

Die vorliegende Arbeit konnte herausfinden, dass das Social Selling in Deutschland in den letzten Jahren an Bedeutung gewonnen hat. Dennoch schätzen nur 38% der Befragten den Stellenwert des Social Sellings als hoch ein, was verdeutlicht, dass die Vertriebsstrategie immer noch nicht vollkommen in Deutschland in der B2B Industrie angekommen ist und weiterhin noch Luft nach oben bei der Implementierung besteht. Dieses Ergebnis kann immer noch, wie auch Schmäh et al. (2016) schon herausfand, mit dem Mangel an Information zu Social Selling in Deutschland zusammenhängen.

Diese Forschungsstudie konnte durch die quantitative Untersuchung prüfen, dass die Social Media Strategien ein Erfolgsfaktor des Social Sellings sind. Die Social Media Schulungen sowie das adaptive Verkaufsverhalten der Mitarbeiter stellen kein Erfolgsfaktor der neuen Vertriebsstrategie dar. Zuletzt wurde herausgefunden, dass eine erfolgreiche Anwendung von Social Selling sich ebenfalls positiv auf den Unternehmenserfolg auswirkt.

Anhand dieser Ergebnisse kann man den B2B-Unternehmen in Deutschland raten eine Strategie für die sozialen Medien zu entwickeln, zu kommunizieren und auch anzuwenden. Dabei gilt es dir Strategien ständig zu Monitoren und an den Markt anzupassen. Obwohl die Social Media Schulungen kein Erfolgsfaktor des Social Sellings darstellen ist es trotzdem sinnvoll solche Trainings für die Mitarbeiter anzubieten. Bereits mehrere Studien konnten den positiven Zusammenhang nachweisen und auch in der vorliegenden Untersuchung konnte ein positiver Wirkungszusammenhang nachgewiesen werden.

Das Selbe gilt für das adaptive Verkaufsverhalten, welches nicht als Erfolgsfaktor zählt jedoch auch eine signifikante Ladung aufweist. Darüber hinaus konnten Itani et al. (2017, S.9) mit ihrer Untersuchung nachweisen, dass das adaptive Verkaufsverhalten einen positiven Einfluss auf das Vertriebsleistung hat. Diese Ergebnisse weisen darauf hin, dass ein solches Verkaufsverhalten das Social Selling dennoch im positiven Beeinflusst und angewendet werden sollte.

Der nachgewiesene positive Einfluss des Social Sellings auf den Unternehmenserfolg lässt schlussfolgernd zusammenfassen, dass zur Anwendung von Social Selling geraten wird. Das potential der innovativen Vertriebsstrategie konnte anhand der vorliegenden Arbeit, der Literaturrecherche und der empirischen Untersuchung bestätigt werden. Somit muss die Strategie in Deutschland nur noch akzeptiert, studiert und richtig umgesetzt werden. Bevor das passieren kann, müssen die Unternehmen jedoch zuerst über das Social Selling professionell informiert werden.

Anhand des Social Sellings wurde der Vertriebs- und Marketingprozess für immer verändert und die Unternehmen die sich nicht anpassen, werden von ihren sozial versierten Konkurrenten und den Verkaufszahlen im Stich gelassen (Belew, 2014, S. 2).

Die vorliegende Arbeit war an einige Limitationen gebunden. Hauptsächlich die zeitliche Limitation hat ein Hindernis dargestellt, da so nicht entsprechend detailliert in die Literaturrecherche sowie die empirische Untersuchung eingegangen werden konnte. Darüber hinaus wurde nicht über eine professionelle Datenbank mit der gesuchten Zielgruppe verfügt, wodurch die Teilnehmer der Befragung über andere Wege gesucht werden musste, die eine nicht so exakte Eingrenzung ermöglichten. Mit einer noch spezifischeren Eingrenzung der Zielgruppe nach Social Selling Experten, hätten die Erfolgsfaktoren noch exakter geprüft werden können. Dadurch hätten vielleicht auch die zwei nicht unterstützten Hypothesen an Wert gewonnen und hätten verifiziert werden können, da der Pfadkoeffizient ein positives Ergebnis bei beiden aufzeigt und der P-Wert nur leicht über dem Schwellenwert liegt. Die Ergebnisse dieser Forschungsstudie sind nur für die B2B-Industrie in Deutschland gültig und verschaffen einen ersten Eindruck in ein bis dato nicht breit erforschtes Gebiet in Deutschland.

Literaturverzeichnis

Adamson, B., Dixon, M. & Toman, N. (2012). The End of Solution Sales. Harward Business Review. Abgerufen am 01.06.2019, von https://hbr.org/2012/07/the-end-of-solution-sales

Agnihotri, R., Kothandaraman, P., Kashyap, R. & Singh, R. (2012). Bringing „social" into sales: The impact of salespeople's social media usein service behaviors and value creation. Journal of Personal Selling & Sales Management, 32(3), 333-348.

Ahlers, A. (2011). Social Media – die Informationsflut bändigen. ProFirma, Vol. 14, Heft 10/2011, 24-32.

Ancillai, C., Terho, H., Cardinali, S. & Pascucci, F. (2019). Advancing social media driven sales research: Establishing conceptual foundations for B-to-B social selling. Industrial Marketing Management.

Anderson, E. & Gerbing, D. (1988). Structural equation modeling in practice: A review and recommended two-step-approach. Psychological Bulletin, 103, 411-423.

Arzheimer, K. (2016). Strukturgleichungsmodelle. Eine anwendungsorientierte Einführung. Wiesbaden: Springer Gabler.

Atteslander, P. (Hrsg.) (2010). Methoden der empirischen Sozialforschung (13. Aufl.). Berlin: Erich Schmidt Verlag.

Baur, N. & Blasius, J. (Hrsg.) (2019). Handbuch Methoden der empirischen Sozialforschung (2. Aufl.). Wiesbaden: Springer Gabler.

Bellew, S. (2014). The Art of Social Selling. Finding and engaging customers on Twitter, Facebook, LinkedIn, and other social networks. New York: AMACOM.

Beutin, N. (2017). Vertrieb 2030 – Megatrends und ihre Folgen für den Vertrieb. In U. Hannig (Hrsg.), Marketing und Sales Automation (S.295-306). Wiesbaden: Springer Gabler.

Bolton, R.N., Parasuraman, A., Hoefnagels, A., Migchels, N., Kabadayi, S., Gruber, T., Loureiro Komarova, Y. & Solnet, D. (2012). Understanding Generation Y and their use of social media: a review and research agenda (S.245-267). Loughborough: Journal of Service Management.

Chin, W. (1998). The partialleast squares approach for structural equation modeling. In G. Marcoulides (Hrsg.), Modern methods for business research (S.295-336). London: Lawrence Erlbaum Associates.

Cortada, J.W., Lesser, E. & Korsten, P.J. (2012). The business of social business. How it works and how it's done. New York: IBM Corporation.

Creswell, J.W. (2014). Research Design – Qualitative, Quantitative and Mixed Methods Approached. 4th ed. Thousand Oaks, California: SAGE Publications.

Dixon, M. & Adamson, B. (2011). The Challenger Sale: Taking Control oft he Customer. New York: Penguin Group.

Eggers, B. & Hollmann, S. (2018). Die „Generation C": Social Selling als kundenzentrierter Sales-Ansatz für den Connected Customer. In F. Keuper, M. Schomann & L.I. Sikora (Hrsg.), Homo Connectus: Einblicke in die Post-Solo-Ära des Kunden (S.237-262). Wiesbaden: Springer Gabler.

Eixelsberger, W., Sternad, D. & Stromberger, M. (2016). E-Business im Export. Wiesbaden: Springer Gabler.

Forbell, C. & Larcker, D. (1981). Evaluating structural equation models with unobservable variables and measurement error. Journal of Marketing Reasearch, 18, 39-50.

Gansser, O. (2014). Erfolgsfaktoren von Social Media Strategien. München: ifes Institut für Empirie & Statistik.

Greger, H. & Rohr, M. (2014). Markenpositionierung im Weg – Darauf kommt es an. In Bundesverband Digitale Wirtschaft (BVDW) (Hrsg.), Social Media Kompass 2014/2015 (S.21-24). Düsseldorf: BVDW e.V.

Hardiman, M. (2014). Social Media für die Markenkommunikation einsetzen. In F.-R. Esch, T. Tomczak, J. Kernstock, T. Langner & J. Redler (Hrsg.), Corporate Brand Management (3. Aufl.) (S.481-500). Wiesbaden: Springer Gabler.

Hardiman, M. (2016). Social Media vertrieblich einsetzen. In L. Binckebanck & R. Elste (Hrsg.), Digitalisierung im Vertrieb. Strategien und Einsatz neuer Technologien in Vertriebsorganisationen (S.397-412). Wiesbaden: Springer Gabler.

Heinemann, G. (2016). Der neue Online-Handel (7. Aufl.). Wiesbaden: Springer Gabler.

Heller Baird, C. & Parasnis, G. (2011). From social media to social CRM. What customers want – the first in a two-part series. New York: IBM Corporation.

Hilker, C. (2010). Social Media für Unternehmer. Wie man Xing, Twitter, Youtube und Co. erfolgreich im Business einsetzt. Wien: Linde.

Hootsuite (2013). Social Selling im B2B Vertrieb. Hamburg: Hootsuite.

Huber, F., Herrmann, A., Meyer, F., Vogel, J. & Vollhardt, K. (2007). Kausalmodellierung mit Partial Least Squares. Wiesbaden: Springer Verlag.

Itani, O.S., Agnihotri, R. & Dingus, R. (2017). Social Media use in B2B sales and its impact on competitive intelligence collection and adaptive selling: Examining the role of learning orientation as an enabler. Industrial Marketing Management.

Jacob, R., Heinz, A. & Décieux, J.P. (2013). Umfrage – Einführung in die Methoden der Umfrageforschung (3. Aufl.). München: Oldenbourg Verlag.

Kaplan, A.M. & Haenlein, M. (2010). Users of the world, unite! The challenges and opportunities of Social Media. Business Horizons, 53(1), 59-68.

Kietzmann, J., Hermkens, K. & McCarthy, I. (2011). Social Media? Get serious! Understanding the functional building block of social media. Business Horizons, Vol. 54(3), 241-251.

Kowalski, S. (2015). Social Media für die interne Unternehmenskommunikation? Abgerufen am 20.05.2019, von https://www.sozial-pr.net/social-media-fuer-die-interne-unternehmenskommunikation/

Kuß, A., Wildner, R. & Kreis, H. (2014). Marktforschung – Grundlagen der Datenerhebung und Datenanalyse (5. Aufl.). Wiesbaden: Springer Gabler.

Lembke, G. (2011). Social Media Marketing. Berlin: Cornelsen Verlag.

Lens, J. (2016). Warum Messenger die Zukunft der digitalen Markenkommunikation sind. Abgerufen am 22.03.2019, von https://www.horizont.net/tech/kommentare/Snapchat-Whatsapp-und-Facebook-Warum-Messenger-die-Zukunft-der-digitalen-Markenkommunikation-sind-143955

LinkedIn (2017). Vertrieb in Deutschland 2017: Eine LinkedIn-Studie über den erfolgreichen Einsatz von Vertriebstechnologien,. München: LinkedIn.

Link, M. (2019). Social Media Selling im IT-Dienstleistungssektor. In L. Winnen, A. Rühle & A. Wrobel (Hrsg.), Innovativer Einsatz digitaler Medien im Marketing - Analysen, Strategien, Erfolgsfaktoren, Fallbeispiele (S.125-136). Wiesbaden: Springer Gabler.

McCarthy, I., Lawrence, T., Wixted, B. & Gordon, B. (2010). A multidimensional conceptualization of environmental velocity. Academy of management, Vol. 35, Nr. 4 (2010), 604-626.

Moore, J.N., Raymond, M.A. & Hopkins, C.D. (2015). Social Selling: A comparison of social media usage across process stage, markets, and sales job functions. Journal of Marketing Theory and Practice, Vol. 23, Nr.1 (2015), 1-20.

Murray, G., Gerard, M., Zvagelsky, I., Vancil, R. & Schaub, K. (2012). The 2012 IT Buyer Experience Survey: Accelerating the New Buyer's Journey. Framingham, MA: IDC.

Ostrow, P. (2013). Social Selling: Leveraging the Power of User-Generated Content to Optimize Sales Results. Boston: Aberdeen Group.

Owyang, J. (2011). Social Business Readiness: How Advanced Companies Prepare Internally. San Mateo, CA: Altimeter Group.

Postel, M., Schnoor, M. & Zahn, A.M. (2012). Messbarer Erfolg im Social Media Marketing: 10 Tipps für den Einstieg. Düsseldorf: BVDW.

Röbken, H. & Wetzel, K. (2016). Qualitative und quantitative Forschungsmethoden. 2. Aufl. Oldenburg: Carl von Ossietzky Universität.

Schenk, P. (2018). Strukturgleichungsmodelle. In P. Schenk, Die soziale Einbettung moralischer Kaufentscheidungen – eine integrative Erklärung des Konsums fair gehandelter Produkte (S.177-192). Wiesbaden: Springer Gabler.

Schmäh, M., Meyer-Gossner, M., Schilling, P. & Gruhn, S. (2016). Social Selling - Einsatz als strategisches Verkaufstool. Sales Management Review, Nr. 1 (2016), 16-25.

Schmäh, M. & von Essen, T. (2017). Wie man Social Selling richtig macht. Marke 41, Nr. 2 (2017), 50-55.

Siwek, C. (2014). BVDW-Studie: Social Media im Unternehmen. Düsseldorf: BVDW e.V.

Statista (2016). Anzahl der Nutzer sozialer Netzwerke in den Jahren 2010 bis 2016 sowie eine Prognose bis 2021 (in Milliarden). Abgerufen am 16.02.2019, von https://de.statista.com/statistik/daten/studie/219903/umfrage/prognose-zur-anzahl-der-weltweiten-nutzer-sozialer-netzwerke/

Statista (2017). Anteil der Unternehmen, die aus folgenden Gründen Social Media nutzen, in Deutschland im Jahr 2017. Abgerufen am 19.02.2019, von https://de.statista.com/statistik/daten/studie/799465/umfrage/gruende-der-nutzung-von-social-media-in-unternehmen-in-deutschland/

Statista (2018). Welche Social-Media-Plattformen nutzen Sie? Abgerufen am 19.02.2019, von https://de.statista.com/statistik/daten/studie/931157/umfrage/nutzung-von-social-media-durch-b2b-unternehmen-nach-plattform-in-deutschland/

Statista (2019a). Anteil der befragten B2B-Unternehmen, die Social Media nutzen, in Deutschland in den Jahren 2017 und 2018. Abgerufen am 19.02.2019, von https://de.statista.com/statistik/daten/studie/930992/umfrage/nutzung-von-social-media-durch-b2b-unternehmmen-in-deutschland/

Statista (2019b). Anteil der Internetnutzer in Deutschland in den Jahren 2001 bis 2018,. Abgerufen am 16.02.2019, von https://de.statista.com/statistik/daten/studie/13070/umfrage/entwicklung-der-internetnutzung-in-deutschland-seit-2001/

Statista (2019c). Entwicklung der durchschnittlichen täglichen Nutzungsdauer des Internet in Deutschland in den Jahren 2000 bis 2018 (in Minuten). Aberufen am 16.02.2019, von https://de.statista.com/statistik/daten/studie/1388/umfrage/taegliche-nutzung-des-internets-in-minuten/

Trainor, K.J. (2012). Relating social media technologies to performance: A capabilities-based perspective. Journal of Personal Selling & Sales Management, Nr. 32(3), 317-331.

Troilo, G., De Luca, L.M. & Guenzi, P. (2009). Dispersion of influence between Marketing and Sales: Ist effects on superior customer value and market performance. Industrial Marketing Management, Nr. 38 (2009), 872-882.

Weiber, R. & Mühlhaus, D. (2014). Strukturgleichungsmodellierung – Eine anwendungsorientierte Einführung in die Kausalanalyse mit Hilfe von A-MOS, SmartPLS und SPSS (2. Aufl.). Wiesbaden: Springer Gabler.